SNS 행복 마케팅

SNS
행복
마케팅

이진균 지음

SNS 행복 마케팅

2019년 12월 20일 1판 1쇄 박음
2019년 12월 30일 1판 1쇄 펴냄

지은이 | 이진균
펴낸이 | 한기철

편집 | 우정은, 이은혜
디자인 | 심예진
마케팅 | 조광재, 신현미

펴낸곳 | 한나래출판사
등록 | 1991. 2. 25. 제22–80호
주소 | 서울시 마포구 토정로 222 한국출판콘텐츠센터 309호
전화 | 02) 738–5637 · 팩스 | 02) 363–5637 · e–mail | hannarae91@naver.com
www.hannarae.net

* 이 도서의 국립중앙도서관 출판예정도서목록(CIP)은 서지정보유통지원시스템 홈페이지(http://seoji.nl.go.kr)와 국가자료종합목록 구축시스템(http://kolis-net.nl.go.kr)에서 이용하실 수 있습니다. (CIP제어번호: CIP2019049698)

기업과 브랜드는 소비자에게 그 존재와 본질의 부름을 갈망한다. 고객만족도에서 시작해 고객감동브랜드지수, 브랜드행복지수 등 새로운 지표들이 속속 개발되고 있다. 이러한 배경에는 근래 들어 제품의 기능적 평준화로 브랜드 간 품질 차이를 지각하기가 점차 어려워지고 브랜드에 대한 소비자 기대치가 더욱 추상적, 고차원적으로 변해가고 있기 때문이다. 만족도, 감동, 행복 등 일련의 지표는 결국 브랜드가 얼마나 소비자가 추구하고 공감하는 핵심적 가치들을 제공할 수 있는지를 반영하는 것이다. 소비가 미덕인 시대에 브랜드의 기능적 가치는 물론 경험적, 사회적, 상징적 가치 소비를 통해 소비자는 자신의 삶을 행복하게 영위할 권리가 있다.

SNS가 브랜드와 소비자 간 소통의 중요한 채널이자 마케팅 수단인 오늘날, 기업과 브랜드는 SNS를 활용해 어떻게 소비자에게 즐거운 감정과 성취감을 제공할 것인지, 그들의 삶에 다각도로 관여해 주위 사람들과 긍정적 관계를 형성하도록 유도하고 삶의 의미를 부여할 것인지에 대한 방향과 해법을 제시해야 할 의무가 있다. 이러한 소비자 행복의 목표는 행복을 자기실현과 인간 의지의 문제로 본 긍정심리학자 마틴 셀리그만(Martin Seligman)이 제시한 5가지 행복요인인 긍정적 감정(Positive emotions), 관여(Engagement), 관계(Relationships), 의미(Meaning), 성취감(Achievement)을 토대로 달성할 수 있다. 이 5가지 행복요인(PERMA)은 이 책에서 제시하는 '페르마 마케팅 전략'의 핵심 키워드이며 소비자 행복감 증진의 하부 토대이다.

기업과 브랜드가 이 책에서 제시하는 페르마 마케팅 전략과 8가지 SNS 전술을 통해 소비자의 심리적 행복감을 증진시킬 수 있다면, 브랜드(기업)에 대한 소비자들의 우호적 태도와 평가는 당연히 뒤따를 것이다. 이러한 과정 속에서 브랜드는 소비자에게 충만한 긍정 정서와 기쁨을 경험하는 '즐거운 삶'을 만들어줄 수 있다. 또 소비자가 과거·현재·미래에 대한 낙관적 사고와 행복 달성을 위한 성격 강점을 개발하고 미덕을 추구하는 데 동행해 소비자에게 '좋은 삶'을 만들어줄 수 있다. 나아가 소비자가 이타주의와 친절로 자아의 초월성을 추구해 '의미 있는 삶'을 만드는 데 기여할 수 있다. 이처럼 브랜드의 역할은 무척 중요하고 다양하다. 브랜드가 소비자의 절친이 되어 SNS를 통해 진정성 있는 감동 커뮤니케이션을 한다면, 소비자는 내면의 행복감을 찾을 수 있고 브랜드는 소비자의 감사와 존경을 받을 수 있을 것이다.

이 책은 '과도한 소비문화와 물신주의가 팽배한 현대 자본주의사회에서 기업과 브랜드의 순기능적·사회적 역할과 가치는 무엇이며, 소비자의 삶에 어떤 긍정적 역할을 할 수 있을까'라는 인문학적·철학적 성찰에서 비롯되었다. 소비행위의 본질은 행복 추구이며 기업과 브랜드는 소비자 행복 달성을 위해 도움을 주어야 할 시대적 사명과 의무가 있다. 서양의 근대 철학자 스피노자(Benedict de Spinoza, 1632-1677)는 인간은 순간적이고 가변적인 것에 집착할 때 불행해지며 영속적이고 무한한 것을 추구할 때 행복을 느끼게 된다고 말했다. 즉, 정신적·영적·초월적 삶의 가치와 이상을 추구할 때 인간은 더욱 행복감을 느낄 수 있다는 것이다. 필자는 브랜드가 제공하는 가치와 혜택이 브랜드 소유와 소비를 통해 충족된다는 점에서 인간의 일시적 집착이나 욕망의 대상이 될 수 있다는 것을 부인하지 않는다. 소유를 통한 행복은 그 한계가 있고 상대적이며, 지나친 행복 추구에 대한 욕심은 또 다른 불행의 씨앗이 될 수도 있다. 다만, 필자는 '기업과 브랜드가 셀리그만이 제시하는 5가지 행복요인을 어떻게 실천하고 소비자가 즐거운 삶, 좋은 삶, 의미 있는 삶을 영위하는 데 기여할 수 있을지' 이 책을 읽는 독자들과 함께 해결책을 모색해보는 데 의미를 두고자 한다.

이 책은 주관적 안녕감, 심리적 안녕감, 진정한 행복 등 다양한 행복 개념에 대해 긍정심리학(positive psychology) 관점에서 접근했다는 점에서 이에 관심이 있는 심리학도들에게 도움이 될 것이다. 그리고 소비자 행복 달성을 위한 구체적인 SNS 전술을 SNS 플랫폼, 브랜드 및 통합적 마케팅 커뮤니케이션 관점에서 파악했다는 점에서 경영학, 커뮤니케이션 및 미디어, 광고홍보 전공학도들에게 유용한 지침이 될 것이다. 이외에도 소셜 미디어 시대에 소비자 행복 달성에 관심이 있는 기업의 마케팅 및 브랜드 담당자, 광고홍보 전문가, 나아가 기업과 브랜드가 소비자에게 어떤 만족과 행복을 줄 수 있는지 고민하는 모든 사람들에게 브랜드–소비자 간 관계 정립에 대한 새로운 시각을 제공해줄 것이다.

끝으로, 이 책의 보금자리를 마련해준 한나래출판사, 학문적 여정을 이끌어준 지도교수 Dr. Wei-Na Lee 그리고 故 김광수 교수님, 그 누구보다 사랑하는 가족들에게 감사의 마음을 전한다.

2019년 11월

이진균

contents >

Q
___

SNS(Social Networking Sites)는 일반적으로 온라인과 오프라인상의 대인관계를 형성하고 유지·발전시키는 데 초점을 둔 소셜 미디어의 한 유형으로 보면 이해하기 쉽다. 이러한 차이점에도 불구하고 소셜 미디어와 SNS는 현실에서 자주 혼용되어 사용된다. 미디어라는 용어는 매체로서 메시지 전달 자체에 목적을 두지만, 네트워킹은 대인관계 유지나 발전의 중요성에 비중을 둔다. 이런 관점에서 SNS 마케팅은 미디어를 통한 단순한 메시지 전달로 끝나는 것이 아니라 대인관계, 즉 소비자와 소비자의 관계에 기초해 기업과 소비자 그리고 브랜드와 소비자가 상생할 수 있는 교환 행위이자 생산 활동으로 보는 것이 타당할 것이다. 경제 주체인 소비자가 SNS에 없다면, 그리고 그들의 관계가 SNS에 존재하지 않는다면 굳이 SNS 마케팅이 필요 없을 것이다. 따라서 이 책에서 의미하는 SNS 마케팅은 소셜 미디어 중에서도 소통과 관계 형성에 초점을 두는 '소셜 네트워킹 사이트 마케팅'으로 이해해주길 바란다.

chapter 01

들어가며:
소통과 관계 형성에 초점을 두는
‘소셜 네트워킹
사이트 마케팅’

소셜 미디어(social media)란 사람들이 생각이나 의견을 서로 교환하고 공유하기 위해 사용하는 온라인 도구나 플랫폼을 의미한다. 텍스트, 사진, 동영상 등의 콘텐츠를 생산·확대하는 모든 온라인 플랫폼으로 페이스북(Facebook), 유튜브(YouTube), 트위터(Twitter), 인스타그램(Instagram), 링크드인(LinkedIn), 블로그, UCC(User Created Contents) 등이 소셜 미디어의 예라고 할 수 있다. SNS(Social Networking Sites)는 일반적으로 온라인과 오프라인상의 대인관계를 형성하고 유지·발전시키는 데 초점을 둔 소셜 미디어의 한 유형으로 보면 이해하기 쉽다. 이러한 차이점에도 불구하고 소셜 미디어와 SNS는 현실에서 자주 혼용되어 사용된다. 미디어라는 용어는 매체로서 메시지 전달 자체에 목적을 두지만, 네트워킹은 대인관계 유지나 발전에 비중을 둔다. 이런 관점에서 SNS 마케팅은 미디어를 통한 단순한 메시지 전달로 끝나는 것이 아니라 대인관계, 즉 소비자와 소비자의 관계에 기초해 기업과 소비자 그리고 브랜드와 소비자가 상생할 수 있는 교환 행위이자 생산 활동으로 보는 것이 타당할 것이다. 경제 주체인 소비자가 SNS에 없다면, 그리고 그들의 관계가 SNS에 존재하지 않는다면 굳이 SNS 마케팅이 필요 없을 것이다. 이런 견해에 비춰 이 책에서 의미하는 SNS 마케팅은 소셜 미디어 중에서도 소통과 관계 형성에 초점을 두는 '소셜 네트워킹 사이트 마케팅'으로 이해해주길 바란다.

SNS는 온오프라인상의 인간관계를 맺어주고, 강화하고, 유지할 수 있게 해주는 기업의 유용한 마케팅 수단이다. 많은 사람들이 SNS상에서 상당한 시간을 보내기 때문에 기업과 브랜드는 SNS를 통해 그들의 제품이나 서비스를 효과적으로 노출하고 관심과 흥미를 자극해 소비자 참여와 반응을 유도하려 한다. 이러한 과정을 통해 소비자는 특정 브랜드의 애호자가 되고 제품과 서비스의 판매는 자연스런 결과물로 나타나게 된다. 따라서 기업은 성공적인 SNS 마케팅 전략을 기획하고 실행하기 위해 먼저 그 궁극적인 목적이 무엇일지 깊이 고민하고 성찰해야 한다. 만약 당신이 기업가, 마케터, 광고 또는 홍보 전문가, 브랜드 전략 컨설턴트로서 제품과 서비스의 판매가 궁극적인 목표라면 이 책은 당신에게 절반의 성공을 가져다줄 것이다. 그러나 한발 더 나아가 SNS 마케팅의 궁극적 목적을 고민하고, SNS 마케팅을 소비자 측면에서 관심을 갖고 이해할 수 있다면 이 책은 당신에게 나머지 절반의 성공까지 보장해줄 것이다. SNS는 소비자와 만나고 어울릴 수 있는 소통의 공간인 '놀이터'다. 기업과 브랜드는 소비자와의 접점인 놀이터에서 그들의 진정한 절친이 되어 행복을 주어야 한다. SNS라는 공간 속에 존재하는 소비자를 이해하고 행복하게 만드는 것은 철저히 기업과 브랜드의 몫이다.

제품이나 브랜드는 소비자가 직면한 문제를 해결해주고 다양한 욕구를 충족시켜준다. 이를 위해 브랜드는 소비자에게 기능적, 사회적, 경험적 또는 상징적 혜택들을 제공한다. 마케팅은 늘 새로운 모델이나 혁신제품을 출시할 때 창의적인 광고 콘셉트를 입혀 소비자의 소비욕구를 자극한다. 새로운 트렌드를 반영한 신조어나 마케팅 기법들이 금세 나왔다가 사라지며 기업과 브랜드는 늘 이러한 시류에 맞춰 마케팅 활동을 펼친다. 그러나 이러한 표면적인 변화에도 불구하고 소비자가 중요시하는 본질적인 가치와 철학은 그다지 유행을 타지 않는다. 기업과 브랜드는 소비자에게 절친한 친구 같은 존재가 되어 행복감을 줄 수 있어야 하며, 소비자는 브랜드와 진정성 있는 관계를 형성하고 행복을 누릴 권리가 있다. 브랜드는 소비자의 삶에 적극적으로 참여하여 기쁨을 주고 그들이 삶의 의미와 목적을 성취하는 데 동반자가 되어야 한다.

이 책은 '급변하는 미디어 시대, 특히 SNS를 통한 소통의 시대에 기업과 브랜드가 어떻게 하면 소비자의 삶에 긍정적인 역할을 할 수 있을까'라는 다소 거창한 인문학적, 철학적 고민에서 시작되었다. SNS를 활용한 스마트 소비자는 그 어느 때보다 힘을 지니고 여론을 형성하며 브랜드 성공과 실패에 큰 영향을 미치고 있다. 특정 브랜드를 중심으로 SNS는 통합과 연대의 측면에서 긍정적 역할을 하지만 한편으로는 소외감과 단절감을 증대시키는 예상치 못한 역효과를 초래하고 있다. 페이스북이나 카톡에서 원하는 정보만을 공유하는 폐쇄된 공동체를 만드는 것이 얼마나 쉬워졌는가? 이러한 변화는 초지능, 초연결, 초융합의 시대 이면에 상호작용의 부재로 서로 간에 감정적 맥락을 놓치거나 공감(sympathy)할 기회를 박탈당하는 현상이 심화될 수 있음을 우리에게 경고해준다.

이 시점에서 우리가 항상 접하는 마케팅 또는 브랜드 커뮤니케이션이 추구해야 할 진정한 가치는 무엇이고, 나아가 소비자의 행복한 삶에 기여할 수 있는 본질적인 역할은 무엇인가에 대한 논의가 절실하다. 필자는 마케팅 커뮤니케이션의 궁극적인 지향점을 소비자의 '심리적 행복감'에서 찾았으며 마케터는 이를 증진하는 데 건설적인 역할을 해야 한다고 생각한다. 소비자는 불신의 시대에 쏟아지는 정보 속에 살고 있다. 광고와 마케팅 커뮤니케이션이 소비를 미화하고 브랜드 구매라는 지극히 가시적인 결과에만 집중하는 것은 아닐까 하는 소비자의 우려는 지극히 당연하다.

필자는 인간이라면 누구나 추구하는 행복할 권리를 마케팅의 수단으로 이용하는 데 적어도 부정적인 입장이다. 오죽하면 '행복 마케팅' 또는 '진정성 마케팅'이라는 마케팅 기법이 생겼을까? 마케팅은 원래부터 진정성을 지녀야 하며 일회적인 교환가치를 뛰어넘어 소비자의 삶 속에서 매순간 행복감과 안녕감을 느낄 수 있도록 이루어져야 한다. 기업과 브랜드가 소비자 행복이라는 최고의 가치를 우선시한다면 브랜드에 대한 소비자의 애정과 사랑은 자연스레 깊어질 것이다. 행복은 수단이 아니라 기업의 궁극적 가치이자 지향점이 되어야 한다. 브랜드가 소비자의 삶 속에서 행복을 추구하는 데 좀 더 긍정적이고 건설적인 역할을 할 수 있다는 희망을 가지고 이 책을 읽어주길 바란다.

Q

SNS 시대에 소비자는 기업과 함께 브랜드 가치를 만들고 소유하는 주체로 자리 잡고 있다. SNS는 소비자에게 단순한 정보 제공을 넘어 '참여'와 '공유'라는 기능을 통해 비대칭적인 힘을 부여하였다. 소비자는 이제 더 이상 기업에 일방적으로 설득되는 존재가 아니라 생산과 소비의 주체로서 브랜드의 의미와 가치를 공동생산(co-creation)하는 능력을 지니게 되었다. 소비자는 닫힌 시스템(closed system)이 아니라 외부와 유기적으로 소통하는 열린 시스템(open system)으로 진화하고 있으며, 더욱 확대된 인적 네트워크를 통해 브랜드 생산과 유통 및 프로모션 등 일체의 활동에 주도적인 역할을 하고 있다.

chapter 02

SNS 시대의
소비자 특성

빅데이터, 인공지능 등 4차산업혁명의 도래는 산업 전반에 걸쳐 급격한 구조의 변화를 이끌어내고 있다. 초연결 사회는 제품의 제조, 유통, 소비뿐만 아니라 기업의 마케팅 커뮤니케이션 활동에도 직접적인 영향을 미친다. 과거에도 소비자가 왕이었지만 제품의 생산을 기획하고 조정하는 것은 여전히 공급자의 영역이었다. 그러나 이제 생산의 민주화로 생산의 주체가 생산자에서 소비자로 역전되는 '수요의 혁명화'가 진행 중이며 소비자가 상품을 주문하고 호출하는 권력의 우위를 갖게 되었다. 요즘 미디어에서 접하는 상권의 공실률 문제를 보면 이는 지나친 공급, 인구의 급감, 대기업의 횡포와 같은 여러 이유가 있겠지만, 무엇보다 소비자가 제품 구매를 위해 물리적인 장소를 방문할 필요가 없어졌기 때문에 발생하는 것이다.

이러한 현상은 초연결과 융합의 시대에 온라인과 SNS를 통해 전달되는 제품과 서비스 정보에 대한 소비자의 신뢰가 높아지면서 더욱 가속화되고 있다. 과거에는 소비자가 특정 점포에서 제품이나 서비스를 구매하는 것이 지각된 위험(perceived risks)◆과 불확실성을 줄이는 장점으로 작용했으나 이제 소비자들은 온라인 구매를 더욱 선호하게 되었다. 아울러 온라인과 SNS가 제공하는 편리

◆ 지각된 위험이란, 제품을 구매해 사용할 때 발생할 수 있는 예상치 않은 결과에 대한 소비자의 불안감을 말한다. 소비자는 이러한 위험을 줄이기 위하여 보다 많은 정보를 탐색하거나 소량 구매 등을 한다. 자코비와 카플란(Jacoby & Kaplan, 1972)은 지각된 위험을 경제적 위험, 기능적 위험, 신체적 위험, 심리적 위험, 사회적 위험의 5가지로 구분하였다. 경제적 위험은 소비자가 익숙하지 않은 제품이나 서비스를 구매했을 때 발생하는 금전적 손실이며, 기능적 위험은 제품 기능상의 염려를 의미한다. 신체적 위험은 구매한 제품이나 서비스가 신체나 건강에 해를 끼칠 가능성이며, 심리적 위험은 제품이나 서비스가 자신의 이미지나 개성, 생각과 일치하지 않는 경우이다. 마지막으로, 사회적 위험은 사회적 맥락에서 제품의 사용이 타인에게 자신에 대한 잘못된 인식을 심어주게 될 가능성을 말한다. 과거 온라인 거래는 오프라인과 비교해 제품에 대한 충분한 정보와 품질을 확신할 수 없었기 때문에 위험성이 높았다. 그러나 현재 정보기술의 발전, 인터넷 및 모바일의 급속한 저변화로 소비자는 위험요인을 최소화기 위해 제품, 가격, 판매업자 등의 다양한 정보를 수집할 수 있으며 오프라인과 비교해 지각된 위험성에 대한 인식이 많이 줄어들었다.

성에 익숙해진 소비자들의 요구는 더욱 세분화되고 까다로워지고 있다. 예를 들어, 여성의류 쇼핑몰인 임블리는 SNS에 올라온 고객의 문제 제기에 적절히 대응하지 못해 최근 논란의 중심에 서게 되었다. 한 고객이 해당 사이트에서 구매한 호박즙에 곰팡이가 발생했다는 사실을 알렸으나 이에 대해 환불은 불가하며 그동안 먹고 남은 수량과 폐기한 한 개만 교환해주겠다는 부적절한 대응으로 일관해 SNS에 비판하는 글들이 쇄도했다.

SNS는 기업과 브랜드에 효율적이고 유용한 소통과 마케팅 활동의 공간이 될 수 있지만 그만큼 소비자의 비난에 쉽게 직면하게 되는 공간이 될 수도 있다. 따라서 기업과 브랜드는 변화무쌍한 소비자의 요구를 귀담아 듣고 민첩하게 대응해야 한다. 이러한 SNS 시대에 소비자는 어떻게 변화하고 있는지 구체적으로 5가지 측면에서 논의해보자.

1 점포 중심 구매자에서 온라인 구매자로

소비자의 역할은 물리적인 오프라인 점포 중심에서 온라인 구매, 다시 말해 이커머스(e-commerce)나 소셜커머스(social commerce)로 급격히 이동 중이다. 미국의 경우 시어스(Sears), 토이저러스(Toys"R"Us), 짐보리(Gymboree) 등 약 40개의 유명한 오프라인 업체들이 2017–2018년 2년간 파산보호를 신청했다. 한편 스타벅스(Starbucks)나 애플(Apple), 테슬라(Tesla) 등 유명 브랜드를 입점시켜도 집객 효과가 갈수록 줄어들고 있다. '유동인구 보증수표'인 유명 점포를 들여도 온라인에 밀린 소매업체들이 고객을 유인하는 데 실패하고 있는 것이다. 미국 시장조사업체인 코어사이트 리서치(Coresight Research)는 2019년 1–3월 폐업했거나 폐업을 계획 중인 미국 소매 점포가 5994개에 이른다고 발표하였

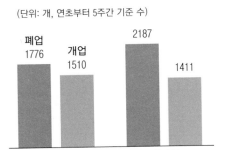

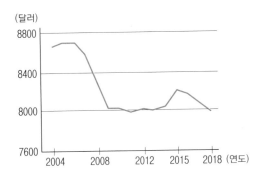

미국 오프라인 매장 현황(왼쪽)과 1인당 오프라인 쇼핑액 추이(오른쪽)◆

다. 이는 2018년 폐업한 총 소매업체 5864개를 뛰어넘는 수치다. 위의 그림을 보면 2018년 대비 2019년 오프라인 폐업 매장 수는 증가한 반면 개업한 매장은 감소했음을 알 수 있다. 또 1인당 오프라인 쇼핑액 추이도 2015년 반등하였으나 전체적으로 감소 추세로 판단된다. 미국인 1인당 오프라인 쇼핑 규모는 2015년 8200달러(약 922만 원)에서 2018년 8000달러(약 900만 원)로 3년 연속 하락했다.

국내의 경우 대형마트의 수난시대라고 해도 과언이 아닐 정도로 매장을 찾는 고객들의 발길이 줄어들고 있다. 얼마 전 롯데마트는 온라인 쇼핑몰 쿠팡보다 무조건 싸게 제품을 판매하는 '극한가격' 행사를 진행하였다. 롯데마트는 쿠팡에서 단위당 가격을 확인한 후 이보다 단돈 10원이라도 더 저렴하게 가격을 책정해 판매한 결과 행사상품의 매출이 전달 대비 최대 1000% 증가했다고 밝혔다. 이마트 역시 2018년 '블랙이오' 할인행사를 기획해 매달 특정 상품을 저가

◆ 〈한국경제〉(2019. 2. 14) 기사에 제시된 이미지를 재작성한 것이다.
https://www.hankyung.com/economy/article/2019021409671

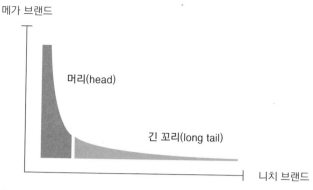

롱테일 이론에 따른 구매 환경의 변화

로 판매하는 행사를 진행 중이다(그럼에도 불구하고 2019년 8월 이마트는 창사 이래 첫 영업적자를 기록했다). 이러한 적극적인 대응은 온라인을 통한 구매 공세에 오프라인 대형마트가 위기감을 느꼈기 때문이다. 소비자의 구매는 오프라인에서 온라인으로 빠르게 변화하고 있다.

아마존(Amazon)과 이베이(eBay)의 사례를 보면 롱테일 이론(long tail theory)*에 따라 그동안 흩어져 있고 존재감이 미미했던 소비자들이 더 다양한 제품을 온라인을 통해 구매함으로써 엄청난 규모의 경제를 형성하였다는 것을 알 수 있다. 이는 물리적 점포에서는 일부 잘 알려진 메가 브랜드(mega brands)

◆　2004년 미국 IT 전문지 〈와이어드(Wired)〉의 편집장인 크리스 앤더슨(Chris Anderson)이 처음 사용한 말에서 유래된 법칙이다. 앤더슨은 기업의 제품별 판매량 순서로 가로축과 세로축을 구분해 나열하였을 때, 상위 20%의 제품이 높은 판매량을 보이지만 나머지 80%의 긴 꼬리 모양을 한 '롱테일' 제품들의 판매량 총합이 그보다 높음을 설명하였다. 상위 20%의 제품들이 전체 매출의 80%를 차지하며 20%의 충성도 높은 고객들이 총 매출의 80%를 차지한다는 파레토 법칙(80대 20 법칙)에 반하는 법칙으로 '역파레토 법칙'이라 불리기도 한다.

만이 판매되지만, 온라인은 그동안 주목받지 못하던 니치(niche) 제품이나 브랜드를 많은 사람들에게 노출시키고 판매할 수 있는 환경을 제공하기 때문에 가능한 일이다. 다시 말해 월마트(Walmart)나 니만마커스(Neiman Marcus) 백화점 같은 전통적인 소매점을 통해 유통되던 메가 브랜드나 블록 버스터 브랜드 중심에서 인터넷을 통해 판매되는 무수하게 작은 니치 브랜드로 시장의 중심이 이동하고 있으며, 온라인 플랫폼 중심의 비즈니스 환경 변화는 개미군단인 소비자의 힘을 더욱 강화시키고 있다. 이러한 변화는 앞으로 더욱 가속화되어 차별화된 경험이나 특화된 아이템을 제공하는 소수 점포만이 오프라인에서 생존하고, 일반적인 제품은 온라인 판매 및 배송을 중심으로 한 유통 채널이 주도권을 장악할 것으로 보인다.

그렇다면 오프라인과 차별화된 온라인 및 SNS를 통한 구매 경쟁력과 가치는 무엇일까? 이러한 현상은 롬(Rohm)과 스와미나탄(Swaminathan)이 2004년에 제시한 4가지 온라인 구매동기 – 온라인 편리성(online convenience), 점포중심 성향(physical store orientation), 구매계획 및 구매 시 정보 이용(information use in planning and shopping), 다양성 추구(variety seeking) – 차원에서 이해할 수 있다.

첫 번째 구매동기인 '온라인 편리성' 측면에서 보면, 제품이나 서비스의 효율성과 우수성 등 경제적 가치를 중시하는 소비자일수록 온라인 구매를 더욱 선호하는 경향이 있다. 즉 제품이나 서비스의 용이성, 내구성, 관리성 및 품질과 성능에 대한 가치가 높을수록 제품 관련 정보 탐색 시간과 노력을 줄여주는 온라인 편리성을 중시하는 것이다. 경제성을 중시하는 소비자는 또한 구매 시 제품 관련 정보를 충분히 검색하고 비교·분석함으로써 품질이 우수한 제품이나 서비스를 쉽게 구매하는 경향이 높다.

두 번째 구매동기인 '점포중심 성향' 측면에서 보면, 온라인 구매는 제품의 즉시 소유(immediate possession)와 면대면 사회적 상호작용(social interaction)

의 욕구를 충족시키는 면에서 오프라인 구매보다 미흡하다고 볼 수 있다. 그러나 이에 대해 조금만 깊게 생각해보면 제품의 즉시 소유가 더 이상 오프라인 점포의 전유물이 아님을 알 수 있다. 최근 새벽 배송, 당일 배송을 실시하는 온라인 업체들이 증가하면서 즉시 소유에 대한 오프라인만의 장점이 사라지고 있다. 오히려 온라인은 다양한 제품 구색, 제품 사용에 대한 풍부한 정보 제공과 같은 장점으로 배송에 따른 시차나 지연의 단점을 상쇄하고 있다.

한편, 사회적 상호작용 역시 과거 오프라인 점포가 가지고 있는 차별적 특징이라 볼 수 있다. 사회적 지위나 존경을 중시하는 외재적 가치를 지닌 소비자일수록 점포에서 면대면 관계를 중시하는 경향이 높다. 대표적인 예로 사치재(luxury goods)를 구매하는 과시적 소비(conspicuous consumption)를 들 수 있는데, 이러한 과시적 소비 욕구를 이용한 명품 마케팅, VVIP 마케팅 등은 오프라인 점포에서 주로 이용된다. 그러나 사회적 상호작용 역시 오프라인 점포에서 온라인으로 급격히 확대되고 있다. 예를 들어, 페이스북이나 인스타그램의 팔로워 수를 생각해보면 SNS가 가지고 있는 관계 중심의 네트워크가 오히려 현실 속의 한정된 네트워크에 비해 발전할 수 있는 잠재적 가능성이 더 높다. 가령 오프라인에서 지인 30명에게 제품이나 브랜드 관련 정보를 전달하는 것보다 SNS상의 인맥을 활용하여 공유나 해시태그(hashtag)를 통해 훨씬 광범위하고 빠르게 제품이나 브랜드 관련 정보를 전파할 수 있다. 또한 브랜드와 소비자가 동시에 물리적 시공간을 점유하지 않더라도 SNS상의 메시지는 영속성을 띠고 소비자에게 노출된다는 장점이 있다. 예를 들어, 페이스북이나 트위터에 게시된 메시지는 일부러 삭제하지 않는 이상 언제든지 소비자에게 노출될 수 있다. 이런 점에서 사회적 상호작용은 더 이상 오프라인만의 장점으로 보기는 어려우며 오히려 SNS상에서 더 큰 파급효과가 있을 것이다.

영국의 16–24세 인스타그램 이용자를 대상으로 한 어느 조사에 따르면 39%가 인스타그램으로 제품을 구입한 경험이 있다고 한다. 인스타그램은 이용자가 좋아하는 브랜드 계정이나 '좋아요'를 눌렀던 사진의 해시태그를 분석하여 새로운 제품을 개인화하여 보여준다. 이에 오프라인 점포에서 판매하는 것보다 이용자에게 적합한 맞춤형 제품과 서비스를 제공할 수 있으며 충동적 소비(impulsive consumption)를 유도할 수 있다. 물론 점포는 사회적 상호작용과 함께 오감의 만족(sensory gratification) 및 구매 자체의 즐거움을 주는 쇼핑 경험(shopping experience)을 제공해준다는 점에서 여전히 온라인 구매보다 유리하다. 그러나 이러한 격차는 가상현실(virtual reality)이나 증강현실(augmented reality) 등 커뮤니케이션 기술의 발달로 점차 줄어들고 있으며, 머지않아 온라인상에서 후각과 미각까지도 전기적 신호의 전송을 통해 구현되고 상업화될 시점이 올 것이라 예상된다.

세 번째 구매동기인 '구매계획 및 구매 시 정보 이용' 측면에서 볼 때 온라인 구매는 오프라인 구매에 비해 경쟁력을 지닌다. 정보 이용은 정보 추구와 관련되는 개념으로 소비자가 정보를 추구하고 수집하는 능력을 의미한다. 특히 온라인 구매에서 소비자는 더욱 쉽게 제품 관련 다양한 정보에 접근할 수 있다. 소비자는 온라인상에서 다양한 정보를 탐색하고 비교함으로써 제한적인 제품 구색을 갖춘 오프라인과 비교해 훨씬 깊고 방대한 정보를 습득할 수 있다. 온라인은 소비자 개개인의 필요에 맞는 구체적이고 최적화된 정보를 제공해줄 수 있다.

기술적 진보로 구글 트렌드나 네이버의 빅데이터 포털 '데이터랩' 같은 플랫폼에서 소비자가 쉽게 데이터를 검색·분석하고 공유할 수 있게 되었다. 기업들 역시 이에 대응해 데이터 경영에 나서고 있다. 예를 들어 아마존은 고객의 도서 구매 데이터를 분석해 추가 구매 도서를 추천하며, 유튜브는 선호 동영상 채널을 구성할 수 있는 개별 홈페이지로 맞춤형 서비스를 제공하고 있다. 또 스페인 패션업체 자라(Zara)는 단기간 소량 품목 생산 전략으로 데이터를 분석하여 상품 수요를 예측하고 적정 재고를 산출하고 있다. 즉 소비자들이 다양한 정보와 검색을 활용해 제품을 구매하는 것처럼 기업들 역시 소비자의 검색이나 구매 정보를 활용해 제품, 서비스, 콘텐츠를 제공하고 있는 것이다.[*] 또한 정보 이용 동기는 온라인 편리성과도 관련성이 높다. 온라인이 제품과 서비스 구매 관련 시간과 노력을 절약해준다는 점에서 소비자는 필요한 정보를 검색하고 비교 및 분석을 통해 편리하게 구매할 수 있다.

네 번째 '다양성 추구'라는 구매동기 측면에서 볼 때 온라인 구매는 오프라인보다 소비자의 다양한 욕구를 만족시킬 수 있다. 소비자는 최적화된 자극 수준(optimal stimulation level)에 노출될 때 반복적인 일상적 구매패턴에서 벗어나 탐험적으로 행동하고 다양한 제품이나 서비스의 구매를 시도하게 된다. 온라인에서 소비자는 이커머스나 소셜커머스 플랫폼에 노출된 여러 제품이나 브랜드를 검색 및 비교할 수 있다. 그리고 자신의 관심과 흥미에 따라 맞춤형으로 제공된 추천 광고를 통해 더욱 다양한 제품을 찾고 사용해보도록 자극을 받게 된다. 소셜커머스를 사용한 경험이 있는 220명의 소비자를 대상으로 한 연구 결과,[**] SNS 사용자들이 소셜커머스를 통해 새로운 것을 경험하고 다양한 제품과 서비스를 찾으려는 경향이 강할수록, 제품 및 서비스에 대한 정보를 다른 사람들보다 빠르게 찾고 공유하려는 경향이 강할수록 고객만족도와 소셜커머스 및 사업자에 대한 신뢰도가 상승했으며 재구매의도도 높아졌다. 또한 SNS 사용자들로부터 소셜커머스에서 판매되는 제품 및 서비스에 대한 개인적 경험이나 의견을 전달받을수록, SNS 사용자들과 함께 집단을 형성하고 소셜커머스 구매활동에 참여하여 이익을 얻는다는 동질감이 커질수록 고객 만족도와 신뢰

---

[*] 물론 방대한 양의 제품 정보는 소비자의 제품 선택에 오히려 짐이 될 수 있으며 소비자가 모든 브랜드를 비교·분석하는 것도 현실적으로 불가능해 고려상표군(consideration set)에 포함되지 않을 수도 있다.

[**] 김상현, 박현선 (2013). "소셜집단특성이 소셜커머스 재구매의도에 미치는 영향과 실용적 가치의 조절효과". 〈정보시스템연구〉, 22(2), 1-24.

도가 높아지는 것으로 나타났다.

요컨대 SNS 시대 소비자의 구매행위는 오프라인에서 온라인으로 급격히 이동 중이다. SNS가 제공하는 온라인 편리성, 즉시 소유 및 네트워크 간의 밀도 있는 사회적 상호작용, 소비자 맞춤형 정보 제공, 그리고 다양성 추구를 위한 폭넓은 구매루트 및 플랫폼은 소비자에게 중요한 온라인 구매동기라고 할 수 있다. 여전히 오프라인은 경험마케팅 측면에서 중요하며 언급한 바와 같이 즉시 소유 차원에서 온라인 구매에 비해 우위에 있을 수 있다. 또 면대면 사회적 상호작용이나 쇼핑 자체에 대한 즐거움, 오감 만족 측면에서 오프라인 점포만의 장점이 존재한다. 그러나 이러한 특성들은 온라인이 제공하는 여러 장점과 비교해 볼 때 앞으로 점점 더 영향력을 잃어갈 것으로 보인다.

2 수동적 소비자에서 생산과 소비의 주체로

과학기술정통부와 인터넷진흥원(2018) 보고서에 따르면[◆] 우리나라 만 6세 이상 인터넷 이용자의 68.2%가 지난 1년 이내에 SNS를 사용한 경험이 있다고 한다. 연령대별로 20대의 경우 99.9%가 SNS를 사용하며 30대와 40대가 각각 99.9%와 99.7%로 나타나 거의 모든 젊은층이 SNS를 사용하는 것으로 밝혀졌다. 국내 공공기관 및 기업의 소셜 미디어 담당자를 대상으로 한 설문 결과에

◆ 과학기술정보통신부&한국인터넷진흥원 (2017). 인터넷이용실태조사 요약보고서.
과학기술정보통신부&한국인터넷진흥원 (2018). 인터넷이용실태조사 요약보고서.

서도[*] 98%의 기업과 기관이 SNS를 중요한 소통의 채널로 활용하고 있다고 답했다. 구체적으로 페이스북(99%), 블로그(77%), 유튜브(56%), 인스타그램(56%) 순으로 나타났는데, 특히 2015년 대비 2016년 인스타그램 운영 기업과 기관이 31% 증가해 가장 많이 상승했으며 유튜브 역시 14%가 증가해 동영상 중심의 채널을 통한 1인 미디어와 인플루언서 마케팅(influencer marketing)의 역할이 중요해졌다는 것을 알 수 있다. 이처럼 스마트기기의 급속한 발달과 더불어 온라인을 이용한 SNS는 모든 국민의 보편적인 의사소통, 정보 전달의 도구가 되었다(공공장소에서 '카톡' 하고 울리는 수신음을 듣는 것은 이제 자연스러운 일상이다). 나아가 단순한 정보 전달에 그치지 않고 다양한 어플리케이션이나 플랫폼과 연동되면서 SNS는 쇼핑, 검색, 게임 등 실생활의 필수적인 소통 수단으로 자리 잡게 되었다.

　　SNS 시대에 소비자는 기업과 함께 브랜드 가치를 만들고 소유하는 주체로 자리 잡고 있다. 다음에 소개하는 두 사례는 이러한 변화를 여실히 보여준다. 2009년 버거킹(Burger King)은 페이스북 애플리케이션을 설치한 소비자가 10명의 페이스북 친구와 절교를 하면 무료 쿠폰을 제공하는 와퍼 새크리파이스(Whopper Sacrifice) 캠페인을 진행하였다. 이 캠페인은 여러 사람들의 입에 오르내리며 노이즈마케팅(noise marketing) 효과를 보았고 SNS 이용자들의 참여를 유발했다. 이후 개인 사생활을 침해한다는 페이스북의 주장에 따라 중단되었으나 이로 인해 더 큰 구전효과를 누렸다. 패션 브랜드 갭(GAP)은 2010년 10월 기존의 클래식한 미국적 분위기에서 좀 더 현대적이고 세련된 이미지를 표방하기 위해 20년 이상 사용해온 브랜드 로고 디자인을 급작스럽게 변경했다.

◆　KPR소셜커뮤니케이션연구소 (2016). 2016 소셜미디어 운영 현황 및 트렌드 조사. (https://www.slideshare.net/KPRANDASSOCIATES/2016-kpr)

이후 소비자들은 페이스북 팬페이지를 통해 거세게 반발했고 갭은 대대적으로 진행할 예정이던 캠페인을 중지하고 예전 로고를 계속 사용하기로 결정하였다.

오늘날 기업은 TV, 신문 등 과거 전통매체의 희소성에 더 이상 의존할 수 없을 뿐만 아니라 케이블, 종편, 온라인 등에서 소비자와의 접점을 찾기 위해 더 많은 시간과 노력을 기울여야 하는 상황에 직면하게 되었다. SNS는 소비자에게 정보를 제공하는 기능을 넘어 '참여'와 '공유'라는 기능을 통해 비대칭적인 힘을 부여해주었다. 소비자는 이제 더 이상 기업에 일방적으로 설득되는 존재가 아니라 생산과 소비의 주체로서 브랜드의 의미와 가치를 공동생산(co-creation)하는 능력을 지니게 되었다. 소비자는 닫힌 시스템(closed system)이 아니라 외부와 유기적으로 소통하는 열린 시스템(open system)으로 진화하고 있으며, 더욱 확대된 인적 네트워크를 통해 브랜드 생산과 유통 및 프로모션 등 일체의 활동에 주도적인 역할을 하고 있다.

최근 일인미디어의 발달로 SNS를 이용한 인플루언서 마케팅(influencer marketing)은 유통 및 소비재 산업에서 가장 중요한 전략이 되었다. SNS를 활용한 개인의 콘텐츠 생산은 자본과 시스템 구축에 힘입어 점차 하나의 중요한 소비자 채널로 자리 잡고 있다. 인플루언서 또는 크리에이터나 유튜버란 유튜브, 페이스북, 인스타그램 등 다양한 SNS를 중심으로 영향력을 미치는 사람을 의미한다. KOTRA가 발간한 보고서에 따르면 글로벌 인플루언서 마케팅 시장은 2017년 현재 20억 달러(약 2조 원) 규모로 추정되며 2020년에는 최대 100억 달러(약 10조 6000억 원) 규모로 성장할 것으로 예상된다. 한국의 인플루언서 양수빈은 태국의 한 KFC 매장에서 페이스북 라이브로 먹방을 진행했는데, 놀랍게도 270만 명이 해당 콘텐츠를 시청했으며 30만 개의 '좋아요'와 댓글이 달렸고 현지 팬들과의 즉석 팬미팅도 이루어졌다고 한다. 한편, 2018년 5월 다이아티비(CJ ENM의 1인 창작자 지원 사업)는 제품이나 브랜드를 알리는 역할을 넘어 자체 커머스 브랜드몰을 론칭했다. 이는 인플루언서를 통해 제품의 기획 및 제작에서

미국의 영화배우이자 작가인 닉 오퍼먼(Nick Offerman)의 유튜브 영상이 한때 화제가 되었다. 이 영상은 브랜드의 의미와 가치를 공동생산하는 소비자의 능력이 발휘된 사례로 꼽을 수 있다. 영상에서 오퍼먼은 벽난로가 타오르는 클래식한 방의 소파에 홀로 앉아 45분간 아무 말도 없이 라가불린 (Lagavulin) 위스키를 음미하며 마시는데 그것만으로도 보는 이들에게 공감을 불러일으키며 라가불린 브랜드를 각인시킨다. 2018년 현재 이 영상의 조회수는 350만을 넘어섰으며 글로벌 소셜 미디어 시상식 쇼티어워즈(Shorty Awards)에서 최고의 인플루언서 마케팅으로 선정되기도 했다. 이 영상은 오늘날 소비자들이 매스커뮤니케이션 시대의 수동적이고 파편화된 존재에서 벗어나 SNS를 통해 누구나 기업과 브랜드에 대해 자신의 목소리를 높이고 여론을 형성할 수 있는 플랫폼을 갖게 된 것을 실감하게 해준다.

유통까지 시장지배력을 넓히려는 전방통합(forward integration) 전략으로 이해할 수 있다.◆

    미국 로스앤젤레스에 본사를 둔 미디어 회사이자 소비재 제품 업체인 클리크(Clique)는 인스타그램이나 페이스북을 활용하여 소비자와 직접 소통하고 아이디어를 배양하여 큰 성공을 거두었다. 잡지 〈엘르〉의 에디터 캐서린 파워(Katherine Power)와 컨트리뷰터인 힐러리 커(Hillary Kerr)가 공동 창업한 클리크는 세분화된 시장의 소비자들에게 맞춰 의류, 신발, 화장품 등 다양한 브랜드의 제품과 차별화된 콘텐츠를 전달한다. 흥미로운 점은 제품군 개발이 소비자 데이터를 바탕으로 기획되며 제품 개발 과정에 클리크와 소비자가 적극적으로 관여한다는 것이다. 예를 들면 인스타그램에서 클리크 브랜드에 큰 관심을 보이는 핵심 소비자와 직접 메시지를 주고받거나, 새로운 디자인에 앞서 패턴이나 재질 등에 대한 선호도를 조사한 후 그 결과를 제품 개발에 반영한다. 핵심 소비자들은 이러한 조사에 적극적으로 응하고 자신의 의견을 표출한다. 나아가 클리크는 모든 브랜드의 커뮤니케이션 플랫폼을 마련하고 100만 명 이상의 팔로워를 가진 전 세계 유명 인플루언서들, 소비자들과 소통할 수 있는 채널을 형성해 활용하고 있다. 이러한 시도는 기업이 핵심 소비자들과 직접 대화하면서 살

◆ 기업은 주어진 환경 속에 생존하고자 다양한 전략을 취하게 된다. 전방통합 전략 역시 그중 하나로 '제품 생산 및 유통 과정에서 소비자 쪽 분야의 기업을 통합하는 것'을 의미한다. 예를 들어, 제조사가 유통 네트워크를 통합하는 것이다. 다이아티비의 경우 제품 기획 및 제작에서 자체 커머스 브랜드몰을 통해 제품을 판매한다는 점에서 전방통합 전략으로 이해할 수 있다. 참고로, 제조사가 원재료 공급업체를 통합하는 것은 후방통합(backward integration) 전략이다. 예를 들어, 다이아티비는 중소기업 빈스컴퍼니와 협력해 다이어트 음료 '히비레몬톡스'와 '히비초'를 출시했다. 이후 인플루언서 김하나가 음료를 마시며 몸에 생긴 변화를 촬영한 동영상은 누적 조회 수 50만 회를 기록했다. 만약 다이아티비가 단순 협력관계를 뛰어넘어 빈스컴퍼니를 통합했다면 이는 후방통합 전략이다.

인플루언서 마케팅을 활용하는 클리크의 온라인 페이지. 클리크가 운영하는 WHO WHAT WEAR 웹사이트를 방문하면 팔로워 100만 명 이상을 가진 전 세계적으로 영향력 있는 인플루언서가 클리크 브랜드를 위해 소비자들과 소통하고 있음을 알 수 있다. 흥미롭게도 클리크는 단순 제품 개발뿐만 아니라 인플루언서 전략 개발, 탤런트 캐스팅, 콘텐츠 및 크리에이티브 전략, 캠페인 관리 등 다양한 서비스를 제공해 혁신적인 사업 기반을 조성하고 있다.

아 있는 피드백을 받을 수 있다는 점에서 매우 주목할 만하다.◆

　이렇듯 소비자는 과거 소비의 주체에서 생산의 주체로 진화하고 있다. 유명 연예인이나 배우 등 공인을 활용한 연예인 광고(celebrity endorsement ad)보다 우리 주위의 친구나 동료 같은 인플루언서들이 개인의 소비 결정에 더 큰 영향력을 행사할 수 있게 된 것이다. 2018년 한국직업능력개발원에서 실시한 조사 결과 초등학생의 희망직업 5위가 '유튜버'라고 한다. 자신이 하고 싶은 일을 하면서 많은 사람과 소통하고 수익도 얻는다는 점에서 많은 학생들이 매력을 느낀다고 한다. 이러한 지표로 볼 때 인플루언서들의 영향력은 앞으로 점차 확대될 것이며, 기업과 브랜드는 소비자들에게 외면받지 않고 살아남기 위해 온라인 세상의 인플루언서들과 상생할 수 있는 윈윈전략(win-win strategy)을 펼쳐야 할 것이다.

◆　Elizabeth Segran (2019. 8. 29). This is how Who What Wear's Katherine Power creates Target brands customers love. Fast Company. (https://www.fastcompany.com/90378236/this-is-how-who-what-wears-katherine-power-creates-target-brands-customers-love)

전통적인 매스커뮤니케이션 관점에서 정보의 소유는 송신자, 소스, 커뮤니케이터(communicator)에 집중되어 정보의 독점적·우월적 지위를 누려왔다. 그러나 초연결 시대라 불리는 현대 사회에서는 지금까지 송신자가 독점적으로 소유했던 전문지식이 더 이상 그들만의 전유물이 아니다. 사실 이는 마케팅 정보뿐만 아니라 '정보의 접근성(information accessibility)'에 대한 문제로 사회 전반에 걸쳐 나타나는 근본적인 변화이다. 소비자는 스스로 제품 정보를 수집·분석하고 활용하는 데 더욱 익숙해지고 주어진 문제에 대한 해결책을 적극적으로 찾을 수 있게 되었다. 오랜 시간 특정 분야에 관심을 가지고 활동하는 소비자가 웬만한 전문가보다 지식수준이 더 높은 경우도 빈번히 볼 수 있다. 이러한 상황에서 기업은 소비자를 일방적으로 '설득(persuasion)'하는 것이 아니라 '공감(sympathy)'할 수 있는 브랜드 메시지를 전달하기 위해 노력해야 한다.

그렇다면 논의에 앞서 설득과 공감에 대한 정의와 발달 과정에 대해 간략히 살펴보자. 우선 설득은 영향력(influence)을 포괄하는 용어로 상대방의 신념, 태도, 의도, 동기 또는 행동에 영향을 미치기 위한 시도로 정의할 수 있다. 비즈니스, 선거, 대인판매 또는 변론 등 특수한 상황이나 일상생활 속에서 설득은 상대방 또는 집단의 특정 이벤트, 아이디어, 대상, 또는 제3자에 대한 태도나 행동에 변화를 주기 위한 과정이자 목표이다. 설득은 다양한 방법으로 시도되는데 시각적, 언어적 도구를 활용해 정보, 감정, 느낌, 근거 또는 이들의 조합을 효과적으로 전달하는 것을 포함한다.

역사적으로 그리스 시대 수사학(rhetoric)과 웅변학(elocution)으로 대변되는 설득은 성공적인 정치인이 되기 위한 필수불가결한 조건이었으며 오늘날과 마찬가지로 의회연설이나 법정의 기소 및 변호처럼 화자의 설득력에 따라 결정이 좌우되는 중요한 역할을 하였다.※ 성공적 설득의 대표적인 사례로 1차 세계대전과 2차 세계대전에서 사용된 'I Want You For U.S. Army' 징병 캠페인과 그 포스터를 꼽을 수 있다. 이 포스터는 미국을 대표하는 상징적 인물인 엉클 샘(Uncle Sam)이 상대방에게 마치 가까운 신병모집센터를 찾아가라고 강하게 요청하는 듯한 모습을 담고 있다. 본래 미국의 삽화가인 제임스 몽고메리 플래그(James Montgomery Flagg)가 1916년 잡지 표지로 디자인한 것이었는데, 이후 무려 400만 장 이상 인쇄되어 많은 미국 청년들을 전쟁에 참여하게 하였다.

다음으로 공감에 대해 살펴보도록 하자. 공감을 뜻하는 영어단어로는 '엠퍼시(empathy)'와 '심퍼시(sympathy)'가 혼용된다. 먼저, 엠퍼시는 미학심리학에 영향을 받은 독일의 철학자 테오도어 립스(Theodor Lipps)가 20세기 초 '지각자가 자신을 지각의 대상 속으로 투사하는 경향성'으로 정의하였다. 엠퍼시의 어근을 분석해보면 'em'은 안을 뜻하고 'pathos'는 고통이나 열정을 의미하므로 '안에서 느끼는 고통이나 열정'으로 이해할 수 있다. 외줄타기를 하는 곡예사를 지켜보는 관객의 심리적, 신체적 반응이 엠퍼시의 좋은 예라 할 수 있다. 한편 심퍼시는 '타인의 감정, 의견, 주장에 대해 자신도 그렇다고 느끼거나 또는 그렇게 느끼는 기분'으로 정의할 수 있다. 어근 'sym'이 함께를 뜻한다는 점에서 타인과 감정을 교류하며 함께 느낀다는 점에 초점을 둔다.

엠퍼시는 자신을 대상의 고통이나 감정을 이해하기 위한 수단이자 과정으로 본다. 따라서 자아를 기준으로 타인에 대한 정확한 감정 투사를 위해 자아의

◆ 고대 그리스의 철학자 아리스토텔레스(Aristotle)는 설득이 필요한 4가지 이유를 다음과 같이 들었다. 첫째는 진실과 정의가 완벽할 때 판결이 패한다면 이는 화자의 실수이기 때문이다. 둘째는 설득은 학습을 위한 훌륭한 도구이기 때문이다. 셋째는 유능한 수사가는 쟁점에 관해 양쪽의 시비를 논하고 가릴 수 있는 지식과 모든 조건에 정통해야 하기 때문이다. 넷째는 설득만큼 자신을 방어할 수 있는 더 나은 방법은 없기 때문이다.

설득의 대표적 사례로 꼽히는 'I Want You For U.S. Army' 포스터. 이 징병 포스터는 사실 영국의 삽화가 알프레드 리트(Alfred Leete)가 1914년에 국무장관 키치너(Kitchener)경을 모델로 그린 신병 모집 포스터에 영감을 받아 그려진 것이라 한다. 포스터를 그린 제임스 몽고메리 플래그는 엉클샘의 이미지에 관심이 많았는데, 과거 노쇠한 노인의 이미지를 지우고 활동적이고 권위적인 이미지로 묘사해 1916년 주간지 〈레슬리(Leslie)〉의 표지로 선보였다. 이후 이 포스터는 플래그 자신이 '세계에서 가장 유명한 포스터'라고 부를 정도로 널리 알려지게 되었다. 아래는 플래그에게 영감을 준 영국 삽화가 알프레드 리트가그린 'BRITONS WANTS YOU' 징병 포스터이다.

식과 정체성이 더욱 명료해진다. 반면 심퍼시는 대상과 감정의 공유 자체에 초점을 두어 자아의식이 감소한다. 예를 들어, 상대방의 기쁨과 슬픔의 수준을 정확히 가늠하는 것은 앰퍼시인 반면, 자아의식이 사라지고 내 마음이 상대방의 마음이 되어 함께 기뻐하고 슬퍼하는 것은 심퍼시다. 대전대학교 산업광고심리학과 남승규 교수는 소비자 및 광고 관련 학문 분야에서 의미하는 공감은 심퍼시로 보는 것이 적절하며, 지각 대상 속으로 들어가 느끼는 앰퍼시는 '감정이입'에 해당한다고 하였다.

다시 소비자 공감에 대한 이야기로 돌아와보자. 오늘날 소비자 공감이 중요한 이유는 바로 광범위한 정보의 소통을 가능하게 하는 SNS 때문이다. SNS에서 친구나 동료 소비자들이 남겨놓은 제품평이나 후기는 상당히 정확하고 객관적인 정보를 제공한다. 즉 오늘날 소비자들은 브랜드의 후광효과나 마케팅 커뮤니케이션을 통해 전달된 일방적인 메시지에 의존할 필요성이 크게 줄어들었다. 과거 SNS가 없던 시대에는 정보 부족으로 브랜드, 광고, 생산자의 정보가 구매결정에 중요한 근거가 되었지만 이제는 설득이 아니라 함께 공감할 수 있는 메시지가 더욱 중요해졌다. 물론 공감 역시도 설득을 위한 사전단계라고 할 수 있겠으나 어쨌든 공감을 유도하지 않고 소비자의 태도 변화를 이끌어내고 구매결정에 영향을 미치기는 어려워 보인다.

20세기 초 제품의 대량생산과 자동화가 진행되던 시절 성립된 제품 중심 마케팅 전략은 소비자를 능동성과 주체성을 지닌 존재가 아니라 미디어에 의해 좌우되는 수동적인 존재로 보았다. 이후 유럽을 중심으로 미디어의 사회적 기능에 대한 비판이 일면서 수용자가 메시지를 주체적, 능동적으로 해석하고 의미를 재구성할 수 있다는 수용자에 대한 패러다임이 등장하였다. 소비자를 설득의 대상으로 간주하는 전통적인 매스커뮤니케이션 모델은 초연결 시대의 소통 현상을 이해하는 틀로 더 이상 적합하지 않다. 소비자는 특정 브랜드를 모를 수 있고 알더라도 피상적인 수준에서 인지할 수 있다. 또한 제품이나 서비스에 대한 지식

격차가 존재하며 브랜드에 대한 태도도 각양각색이기 마련이다. 소비자 설득보다는 공감이 다양한 브랜드 커뮤니케이션 상황, 구매 상황, 이용 상황 속에서 소비자의 마음을 움직여 호의적인 태도와 신뢰관계를 형성하고 나아가 구매행위를 이끌어낼 수 있다. 다시 말해, 기업(브랜드)이 공감 형성을 통해 소비자의 자발적인 동기와 행동을 이끌어낼 수 있다는 것이다.

미국의 경제학자이자 사회학자인 제레미 리프킨(Jeremy Rifkin)은 2010년 《공감의 시대(The Empathic Civilization)》에서 앞으로의 세상을 '공감의 시대'로 규정하였다. 과거 서구에서 인간을 이성적·논리적·합리적 존재로 이해하고 접근했다면, 오늘날에는 인간을 감성적 존재로 간주하고 공감의 영향력이 이성적이고 논리적인 설득에 우선한다고 보고 있다. 브랜드 커뮤니케이션은 본질적으로 소비자의 마음을 사기 위한 것이다. 브랜드가 소비자의 공감과 지지를 받는다면 굳이 그들을 설득하지 않아도 될 것이다. 우리가 일상 속에서 경험한 수많은 소비와 사용 경험에 비춰본다면 인간의 의사결정이 항상 논리적이고 이성적이 아님을 알 수 있다. 빠른 템포의 음악이 흘러나오는 패스트푸드점이나 대형마트를 생각해보라. 제품을 광고하는 매력적인 모델이나 셀리브리티는 사실 제품의 기능적 속성이나 성능과는 무관하다. SNS 시대에 소비자의 감성에 호소할 수 있는 소통 능력과 공감 커뮤니케이션 능력이 중요한 이유가 바로 여기에 있다.

어느 날 당신이 모임에서 지인을 통해 새로운 사람을 소개받았다고 가정하자. 그 사람을 파악하기 위한 가장 손쉬운 방법은 외양이나 겉모습, 즉 말투, 입고 있는 옷, 타고 있는 차 등 외면적인 모습과 소유물을 면밀히 관찰하는 것이다. 그리고 다음으로 시간을 좀 더 두고 지켜본다면 그 사람의 이미지를 고려할 수 있다. 그 런데 상대방에 대한 주위 사람들의 인식이나 이미지는 평가하는 사람에 따라 상 이할뿐더러 본인이 인위적으로 가공의 퍼스나(persona)를 만들어낼 수도 있다. 이미지라는 것은 실체가 없기에 시간과 상황에 따라 쉽게 변한다는 점에서 외양 보다는 낫지만 여전히 정확한 평가기준을 제시하기는 어렵다. 결국 오랜 시간이 흘러도 변하지 않는 사람의 됨됨이를 파악하고 평가하기 위해서는 그 사람이 어 떤 '가치'를 지니는지, 또 추구하며 사는지를 기준으로 삼아야 한다. 또한 그 가 치가 비교적 쉽게 모방될 수 있는 유형의 속성이나 물질적 속성에 기인한 가치인 지, 아니면 보다 고차원적인 추상적 가치인지에 대한 평가가 필요하다.

　　최근 서울대 소비트렌드분석센터에서 정리한 메가트렌드 중의 하나가 바로 소비자 '가치'와 '경험'이다. SNS의 발달은 온라인상의 인정욕구를 보다 다양한 양식으로 충족할 수 있게 하였다. 과거 SNS와 같이 다양한 개인 간의 소통채널 이 없던 때는 물질적 소유를 통한 후광효과만이 소비자의 존재감을 드러나게 하 였다. 그러나 SNS는 브랜드가 아니라도 너무나 쉽게 자신의 가치를 차별화할 수 있는 기회와 경험을 제공하고 있다. 이에 사람들은 틀에 박힌 관광명소보다 동네의 조그만 맛집, 걷고 싶은 데이트 코스를 찾아가는 등 자신만의 핫플레이 스를 SNS를 통해 공유하고 이러한 정보에 큰 관심을 가진다. 따라서 기업은 다 양하고 빠르게 변화하는 소비자의 경험과 가치를 제품과 브랜드에 녹여 소비자 와 공감할 수 있는 브랜드 가치를 제안해야 한다.

소비자 가치에 대해 저마다 다른 분류와 정의가 있으나 대표적인 분류는 미국 컬럼비아대학교 경영대학 교수인 모리스 홀브룩(Morris Holbrook)이 제시한 8가지 소비자 가치 유형이다. 홀브룩은 내적과 외적(intrinsic vs. extrinsic), 자기지향적과 타인지향적(self-oriented vs. other-oriented), 능동적과 반응적(active vs. reactive) 3가지 관점에서 소비자 가치를 모델화하였다. 외적 가치는 다른 목적을 달성하기 위해 소비가 도구적인 기능을 수행하는 기능적(utilitarian) 가치인 반면 내적 가치는 즐거움, 재미와 같이 소비 경험 자체가 제공하는 쾌락적(hedonic) 가치다. 둘째, 자기지향적 가치는 구매 동기나 경험을 자신의 반응에 맞추어 소비를 평가하지만 타인지향적 가치는 타인에 의해 개인의 소비 경험이 평가되는 가치다. 마지막으로, 능동적 가치는 어떠한 대상이나 경험에 대해 개인이 신체적 또는 정신적으로 조작해 얻는 가치이나 수동적 가치는 개인이 대상과 경험을 수동적으로 이해하고 감상하는 반응적 가치다.

이처럼 3가지 관점을 바탕으로 홀브룩은 8개의 차원에 대해 정의하고 설명하였다. 첫째는 외적, 자기지향적, 능동적 가치인 '효율성(efficiency)'으로 소비자의 노력이 절약되는 것을 의미한다. 둘째는 외적, 자기지향적, 반응적 가치인 '우수성(excellence)'으로 제품 및 서비스 자체의 훌륭함을 의미한다. 셋째는 내적, 자기지향적, 능동적 가치인 '유희성(play)'으로 흥미, 환상, 느낌 그리고 재미 추구를 의미한다. 넷째는 내적, 자기지향적, 반응적 가치인 '심미성(aesthetics)'으로 제품이나 서비스 자체가 가지고 있는 아름다움을 의미한다. 다섯째 '지위(status)'와 여섯째 '존경(esteem)'은 타인지향적 외적 가치로 지위는 제품과 서비스를 통해 자신의 성공이나 인상을 표현하는 능동적 가치인 반면, 존경은 제품 소유나 평판 형성과 같이 타인의 평가에 기준한 반응적 가치다. 일곱째 '윤리(ethics)'와 여덟째 '영성(spirituality)'은 타인지향적 내적 가치로 윤리는 개인의 정의와 도덕적 잣대를 바탕으로 소비를 추구하는 능동적 가치인 반면, 영성은 소비를 통해 표출되는 신념이나 신성함에 대한 소비자의 반응적 가치다.

이와 같은 8가지 소비자 가치를 도식화하면 다음 표와 같다.

홀브룩의 8가지 소비자 가치 유형

		외적(속성 예)	내적(속성 예)
자기 지향적	능동적	효율성(편리성)	유희성(재미)
	반응적	우수성(퀄리티)	심미성(아름다움)
타인 지향적	능동적	지위(성공, 인상 관리)	윤리(미덕, 정의, 도덕성)
	반응적	존경(평판, 물질주의, 소유)	영성(신념, 황홀감, 신성함)

이후 홀브룩은 8가지 소비자 가치 유형을 4가지로 단순화시켰다. 효율성과 우수성을 경제적 가치(economic value)로, 유희성과 심미성을 쾌락적 가치(hedonic value)로, 지위와 존경을 사회적 가치(social value)로, 윤리와 영성을 이타적 가치(altruistic value)로 통합하여 재분류하였다. 이 4가지 일반적 가치 분류는 다른 분류 체계에서 제시하는 사회적, 정서적, 기능적 가치들을 포함하지만 자유나 소속감 같은 브랜드가 제공하는 일부 가치가 배제되어 제한적이라는 비판도 있다.

홀브룩의 소비자 가치 유형에서 볼 수 있듯이 소비자들은 제품·기술·기능과 같은 제품 관련 가치부터 사회적, 정서적, 상징적 가치까지 다양한 추상적 가치를 브랜드로부터 기대한다. 그런데 (굳이 가치 유형 간의 경중을 논하는 것은 아니지만) 브랜드 전략 차원에서 볼 때 효율성, 우수성 등 경제적 가치는 비교적 쉽게 모방할 수 있지만 소비자의 인식 속에 자리한 추상적 가치인 경험적, 사회적, 정서적 가치는 쉽게 따라하기 힘들다. 이런 점에서 브랜드는 소비자와 함께 공감할 수 있는 중요한 경험적, 사회적, 상징적 가치를 제시해야 한다. 홀브룩의 가치 유형으로 분류하자면 쾌락적 가치, 사회적 가치, 이타적 가치가 이에 상응할 것이다.

소비자 가치를 브랜드 가치로 내면화하여 승화시킨 대표적인 예가 애플이다. 애플의 경영철학(management philosophy)은 광고 슬로건을 뛰어넘는 기업의 비전(vision), 사명(mission), 그리고 핵심 가치(core value)를 기초로 한다. 지금은 고인이 된 애플의 창업자 스티브 잡스(Steve Jobs)는 애플에서 쫓겨났다가 다시 복귀한 후 처음 제작한 광고를 공개하는 프레젠테이션에서 "마케팅의 본질은 가치에 있다"고 강조하였다. 그리고 "애플은 단순히 초당연상속도나 왜 윈도우보다 뛰어난지를 주장하는 것이 아니라, 우리가 누구이고 무엇을 상징하는지 그리고 어디에 속해 있는지에 대하여 본질적인 대답을 할 수 있을 때 브랜드에 대한 지속적 적절성(relevance)과 생명력(vitality)을 지닐 수 있다"고 말했다. 그는 스포츠 제품을 생산하는 나이키가 광고에서 리복이나 아디다스 같은 경쟁사 제품과 비교우위를 논하는 것이 아니라 자신들의 핵심 가치인 위대한 운동선수와 스포츠 경기에 대한 경의를 표현한다는 점을 직시하였다. 그러면서 애플의 핵심 가치는 바로 "세상을 보다 나은 곳으로 바꾸는 것이고 사람들이 세상을 바꿀 수 있다고 믿는 만큼 애플은 그들과 함께해 세상을 변화시킬 것이다"라는 강력한 신념을 피력하였다.

스티브 잡스가 복귀한 후 1997년부터 2002년까지 애플은 '다르게 생각하라(think different)' 광고캠페인을 선보였다. 당시 잡스는 강렬한 브랜드 이미지를 전달하고 애플의 브랜드 정체성을 확고히 하기 위해 고민했다. 그 결과 시작된 이 광고캠페인은 소비자들에게 큰 반향을 불러일으켰다.

광고에는 남다른 생각과 행동으로 세상을 변화시킨 이들(사진 왼쪽 위부터 넬슨 만델라, 알버트 아인슈타인, 마하트마 간디, 무하마드 알리, 찰스 다윈, 토머스 에디슨, 존 레넌과 오노 요코, 제인 구달 등)의 모습이 담겼다. 이를 통해 소비자들은 세상의 변화를 이끈 위대한 인물들에 대한 경의와 함께 타사와 차별화되는 제품을 내놓는 애플의 브랜드 가치를 인식하게 된다. 훗날 잡스는 자신의 전기에서 "정체성을 잃어버린 이들이 본 모습을 기억해내는 방법 중 하나는 자신이 존경하는 마음속 영웅을 떠올리는 것이다. 그것이 바로 그 광고의 출발점이었다"라고 전했다고 한다.

브랜드가 제공하는 가치에 대한 또 다른 예로 BMW(Bavarian Motor Works)를 들 수 있다. BMW는 1966년부터 '진정한 드라이빙의 즐거움(sheer driving pleasure)'이라는 슬로건을 내세우기 시작해 지금까지 브랜드 정체성을 유지하고 있다. 이후 1971년에는 '궁극적인(최고의) 드라이빙 머신(ultimate driving machine)'이라는 슬로건을 내세운 광고캠페인을 전개해 큰 반향을 일으키면서 명확한 브랜드 정체성을 지니게 되었는데, 당시 TV광고에는 이러한 메시지가 담겼다.

"우리는 스포츠카를 만들지 않습니다. 우리는 SUV를 만들지 않습니다. 우리는 하이브리드카를 만들지 않습니다. 우리는 럭셔리 세단을 만들지 않습니다. 그러나 우리는 한 가지를 만듭니다. 그것은 궁극적인 드라이빙 머신입니다."

물론 BMW는 현재 다양한 차종을 생산하고 있다. 그러나 BMW는 교통수단을 초월해 '드라이빙 머신으로서 소비자에게 운전에 대한 즐거움을 약속한다'는 일관된 브랜드 가치를 시간과 공간을 초월해 전달하고 있다. 이는 마케팅에서 브랜드가 제공하는 경험적, 사회적, 상징적 가치가 기능적 가치보다 전략적으로 더 중요하다는 것을 보여준다. 브랜드는 제품 이상이며 소비자와의 합의되고 공유된 약속으로 재정의할 수 있을 것이다.

최근 K팝 상품이 글로벌 시장에서 소비자들에게 많은 관심을 끌고 있다. 아마존을 통해 방탄소년단 관련 앨범, 옷, 학용품 등을 구매하는 경우가 급증하고 있다. 국내 자동차 시장은 불황이지만 2018년 10월 메르세데스 벤츠(Mercedes-Benz), BMW, 렉서스(Lexus) 등 수입자동차 누적판매대수는 약 21만여 대로 전년 동기 대비 14.4% 증가했다. 미중 무역전쟁의 여파로 전 세계 경제가 위축되고 있으나 루이비통모에헤네시(LVMH)와 같은 글로벌 명품 브랜드의 매출은 여전히 중국에서 성장가도를 달리고 있다. 보스턴컨설팅그룹(BCG)에 따르면 중국의 글로벌 명품 소비는 계속 증가할 것으로 예측되며 2024년 중국의 명품 시장 규모가 200조 원으로 세계 명품 시장 점유율의 40%에 달할 것으로 전망된다. 또 중국 건강기능식품 시장의 제품 중 96%가 자국 생산품이지만 전체 매출의 70%는 GNC 등 글로벌 기업에서 나온다고 한다. 이러한 예와 같이 다양한 문화 상품에서 식품까지 소비자들의 수준과 안목은 글로벌 소비자로 변화하고 있다.

SNS는 소비자의 관심과 흥미를 확대시켜 글로벌 소비자로서 더욱 폭넓은 참여를 가능하게 한다. 즉 로컬 소비자에서 글로벌 소비자로 변화하고 정체성과 연대감이 확장된다고 볼 수 있다. 온라인과 SNS상에 존재하는 수많은 브랜드 커뮤니티(brand community)를 통해 글로벌 브랜드에 대한 인식과 관심은 더욱 높아질 것이며 이는 글로벌 브랜드나 서비스 구매를 더욱 친숙하게 만들 것이다. SNS 등 뉴미디어의 등장은 권력을 해체하고 불평등을 해소시키는 구조적 변화를 가져왔다. 저명한 언론학자 데니스 맥퀘일(Dennis McQuail)은 뉴미디어의 등장으로 전통적인 매스커뮤니케이션의 소스(source), 전달자(sender), 커뮤니케이터(communicator)의 역할과 수신자(receiver) 또는 수용자(audience)의 역할 구분이 점차 모호해지고 있다고 지적했다. SNS는 중앙집중적인 커뮤니케이션 구조를 해체시키고 글로벌한 수준에서 수평적인 정보의 흐름을 가능하게 하였다. 정보의 일방적인 통제가 어려워졌다는 점에서 자유로운 정보 교환이 가능해졌지만, 역으로 가짜뉴스와 같이 검증되지 않은 정보들이 공유되기도 한다. 또 소비의 글로벌화는 소득 수준과 밀접한 관련이 있으며 국가 및 언어장벽(language barrier) 또는 국가주의(nationalism) 등이 글로벌 소비자에게 영향을 미치기도 한다. 이처럼 SNS는 거시적인 차원에서 국경을 초월한 정보 제공 및 공유, 관계 형성 등 브랜드의 글로벌화를 촉진하는 데 일조하고 있다.

이번 장에서 SNS 시대의 소비자 특성에 관해 5가지 관점에서 살펴보았다. 미래의 소비자는 을이 아니라 갑이다. 과거 생산자 중심의 패러다임으로는 미래 소비자의 필요와 욕구를 충족하기 어렵다. 이는 엄연한 현실이며 받아들여야만 하는 명제다. SNS 등을 통해 기업과 소비자뿐만 아니라 소비자 간, 그리고 비소비자와 소비자 간 수평적 소통이 그 어느 때보다 활발하다. 페이스북의 경우 친구추천광고가 기업추천광고에 비해 더욱 적극적으로 '좋아요', '댓글달기', '공유하기' 등의 반응을 불러일으킨다. 가족, 친구, 지인 등 오프라인상의 관계가 온라인으로 점점 더 확장되고 있다.

기업은 SNS 시대에 변화하는 소비자의 특성에 대해 철저히 이해해야 한다. 스마트 소비자는 그 어느 때보다 주도적인 집단으로 힘을 발휘할 것이다. 기업은 일방적인 설득에서 벗어나 브랜드의 핵심 가치나 사회적 책임을 소비자들과 어떻게 공감하고, 그들의 삶 속에서 구현할 수 있을지 소비자와 함께 고민해야 한다. 소비자가 중시하는 경험적, 사회적, 상징적 가치가 브랜드 가치와 동일시될 때 브랜드에 대한 긍정적 태도가 형성될 수 있다. 기업이 단순히 외양이나 이미지 제고 차원의 피상적 노력을 보이는 것이 아니라, 진정성 있는 브랜드 가치를 소비자와 공유하고 행동으로 실천할 때 소비자들은 브랜드에 애착과 관심을 가지게 될 것이다.

🔍
___

전통적인 광고는 디지털 트랜스포메이션 시대에 소비자의 관심을 받기 어려울뿐더러 광고 목표를 달성하기 위한 최소한의 노출 기회를 보장받을 수 없게 되었다. 특히 콘텐츠의 디지털미디어화로 소비자는 수동적인 콘텐츠 이용자에서 능동적인 콘텐츠 제작의 주체로 진화하고 있다. 따라서 기업과 브랜드는 소비자들이 찾아오기를 기다리는 것이 아니라 그들에게 다가가 적극적으로 필요한 콘텐츠를 제공해야 한다. 이러한 상황에 맞춰 기업은 소비자의 공감을 이끌어내기 위해 일방적인 설득이 아니라 다양한 문화 콘텐츠에 브랜드 관련 메시지를 자연스럽게 녹여 노출하는 '네이티브 광고(native advertising)'와 '브랜디드 콘텐츠(branded contents)'에 많은 관심을 보이고 있다. 이번 장에서는 대표적인 SNS 마케팅 활동인 네이티브 광고는 무엇인지, 그 유형과 특징은 어떤 것들이 있는지 살펴보자. 또 브랜디드 콘텐츠와 어떤 유사점과 차이점이 있는지 알아보자.

chapter 03

SNS 마케팅이란?

네이티브 광고와
브랜디드 콘텐츠를 중심으로

지난 몇 년간 다매체 다채널화가 급속히 진행되면서 미디어 환경은 크게 요동치고 있다. 종합편성채널 뉴스 프로그램의 약진도 이러한 변화의 흐름을 보여준다. 지상파 뉴스의 영향력은 급속히 감소하고 있는 반면 JTBC 〈뉴스룸〉과 같은 프로그램은 마니아층을 흡수하면서 위상이 굳건해지고 있다. 물론 이러한 변화는 뉴스라는 특성을 고려해볼 때 여러 가지 정치적, 사회적, 문화적, 개인적 요인이 복합적으로 작용한 결과라고 볼 수 있다. 그러나 뉴스뿐만 아니라 드라마, 예능 등 장르를 불문하고 전통적 대중매체의 영향력이 과거에 비해 크게 감소하고 있다는 사실은 이제 어느 누구도 부정할 수 없는 현실이 되었다. 근래 들어 KBS, MBC 등 지상파 방송사들이 추락하는 시청률을 만회하고자 다양한 변화를 추구하는 모습을 보면 그 위상의 변화에 격세지감을 느끼게 된다.

최근 인기리에 방영된 웹드라마(web-drama) 〈연애플레이리스트〉 역시 밀레니얼 세대(millennial generation)의 새로운 미디어 소비 문화의 단면을 보여주는 사례로 꼽을 수 있다. 네이버의 자회사인 스노우와 네이버웹툰이 협력해 만든 오리지널 작품인 〈연애플레이리스트〉는 성장하고 있는 동영상 콘텐츠 시장을 선점하기 위해 젊은 세대가 공감할 수 있는 탄탄한 스토리로 승부를 걸었다. 이와 동시에 네이버 채널을 고집하지 않고 페이스북 등 SNS를 공략하여 콘텐츠의 바이럴 효과를 얻을 수 있었다. 다양한 SNS 채널을 통한 이 드라마의 글로벌 누적 조회수는 3억뷰를 돌파했다(2017년 8월 말 기준, 국내 제작 웹드라마로서 최초 기록이다). 전통적인 드라마와 달리 참신한 소재, 짧은 에피소드를 특징으로 하는 웹드라마는 모바일 스트리밍 시대에 언제 어디서나 소비할 수 있는 스낵컬쳐 (snack culture)의 대표적인 포맷으로 자리잡아 가고 있다. ◆

◆ 생각노트 (2018. 2. 23). "'연플리'는 어떻게 조회 수 3억뷰가 넘는 웹드라마가 됐을까?". 디지털 인사이트. (http://magazine.ditoday.com/연플리는-어떻게-조회-수-3억-뷰가-넘는-웹드라마/)

1990년대 중반 떠오른 '다매체 다채널'이라는 용어가 약 25년이 지난 오늘날에도 적용될 수 있다는 점이 아이러니하기도 하나 다매체 다채널화는 앞으로 더욱 가속화될 전망이다. 아울러 SNS는 모바일 플랫폼, 애플리케이션, 라이브 스트리밍(live streaming) 등의 기술적 발달에 힘입어 기업과 브랜드가 소비자와 소통할 수 있는 주요한 접점이자 소통의 도구로 그 중요성이 더욱 커질 것이다.

전통적인 광고는 '디지털 트랜스포메이션(digital transformation) 시대'◆에 소비자의 관심을 받기 어려울뿐더러 광고 목표를 달성하기 위한 최소한의 노출 기회를 보장받을 수 없게 되었다. 지금 TV를 켜고 자신이 자주 보는 채널명과 번호를 몇 개나 기억할 수 있을까? 많아야 5개 내외일 것이다. 특히 콘텐츠의 디지털미디어화로 소비자는 수동적인 콘텐츠 이용자에서 능동적인 콘텐츠 제작의 주체로 진화하고 있다. 따라서 기업과 브랜드는 소비자들이 찾아오기를 기다리는 것이 아니라 그들에게 다가가 적극적으로 필요한 콘텐츠를 제공해야 한다. 최근 이러한 상황에 맞춰 기업은 소비자의 공감을 이끌어내기 위해 일방적인 설득이 아니라 다양한 문화 콘텐츠에 브랜드 관련 메시지를 자연스럽게 녹여 노출하는 '네이티브 광고(native advertising)'와 '브랜디드 콘텐츠(branded contents)'에 많은 관심을 보이고 있다. 이번 장에서는 대표적인 SNS 마케팅 활동인 네이티브 광고는 무엇인지, 그 유형과 특징은 어떤 것들이 있는지 살펴볼 것이다. 또 브랜디드 콘텐츠와 어떤 유사점과 차이점이 있는지 알아보고자 한다.

◆ 디지털 트랜스포메이션(디지털 전환)이란, 디지털 기술이 확산·적용되어 사회 구조가 전반적으로 혁신되는 것을 의미한다. 특히 4차산업혁명 시대에 모바일, 클라우드, 사물인터넷(IoT), 인공지능(AI), 로봇 등을 통한 자동화와 지능화로 기업경영, 고객관리, 비즈니스 모델과 운영 등 기업환경의 전 영역에 걸쳐 대대적인 디지털 패러다임의 변화가 일어나고 있다. 기업과 달리 소비자는 기술이 일상이 되는 라이프 스타일을 가지고 있다. 모바일로 들어가 유튜브를 보고 수십 개의 채널을 넘나들고 있다. 파편화되고 원자화된 소비자들의 욕구와 필요를 파악해 개인화된 콘텐츠를 전달하기는 갈수록 어려워지고 있다.

최근에 유튜브에서 2분 54초짜리 이마트 와인 광고가 인기를 끌었다. 가상의 농촌인 '와이너리(里)'에 사는 어르신들이 새참으로 막걸리 대신 와인을 마시며 와인은 어려운 것이 아니라 노멀(normal)한 것이라고 이야기하는 내용을 담고 있다. 정감 있는 시골의 모습과 와인이 오묘한 조화를 이루어 고향에 대한 향수를 불러일으키는 이 영상은 이마트가 급성장 중인 1만 원대 저가 와인 시장을 알리기 위해 제작한 네이티브 광고의 한 예이다. 비슷한 예로 CJ ENM◆은 채널 tvN에서 방영한 예능 프로그램 〈스페인 하숙〉의 기획 단계부터 제품 홍보를 염두에 두고 참여해 CJ 유통 계열사들의 제품을 홍보하고 있다. 프로그램에 나오는 출연자들은 조리 시 CJ 계열사의 냉동만두를 사용하고, CJ오쇼핑이 출시하고 판매 중인 식기 브랜드를 의도적으로 노출한다.

　이처럼 SNS 시대에는 한층 '진보된 PPL'로 흐름에 맞지 않는 강요된 노출이 아니라 웃음, 공감, 그리고 감동을 유발하는 영상이 새로운 광고 유형으로 자리 잡고 있다. 얼핏 보면 광고에 콘텐츠가 들어갔는지 콘텐츠에 광고가 들어갔는지 혼동스러울 지경이다.

◆　CJ그룹은 2018년 엔터테인먼트 사업을 하는 CJ E&M과 홈쇼핑채널 CJ오쇼핑을 CJ ENM으로 합병했다.

와인을 물처럼 마시는 마을의 모습을 담은 이마트 유튜브 광고의 한 장면. 이마트 와이너리 캠페인은 영상 속 어르신들이 "Wine is normal"을 외치며 격식을 차리지 않고 와인을 막걸리처럼 마시는 모습을 통해 와인이 누구나 즐길 수 있는 주류임을 보여주고자 했다. 3분이나 되는 긴 영상이지만 현실감 있는 진솔한 이야기로 보는 이의 가슴을 찡하게 한다.

이처럼 네이티브 광고는 기술의 발전과 함께 신문, 잡지, 라디오, TV, 인터넷, 스마트폰으로 매체에 따라 맞춤형으로 변화되어왔다. 다양한 매체가 공존하는 현재 모바일 네이티브 광고, 데스크톱 검색 광고, 잡지 애드버토리얼 광고, TV PPL, 콘텐츠 마케팅, SNS 광고 등 인터넷과 스마트폰을 중심으로 다양한 형태의 네이티브 광고가 존재하고 있다. 그럼에도 한 가지 공통점은 소비자의 매체 소비 경험을 방해하지 않도록 플랫폼 및 콘텐츠와 상업적 메시지의 유기적인 결합을 통해 소비자의 저항감을 줄이고 설득력을 높이는 데 있다.

미국의 경우 2018년 현재 네이티브 광고의 수입은 약 24조 7000억 원 이상이며 2021년에는 광고 수입의 약 74%를 차지할 것으로 예상된다. 국내의 경우 2018년 모바일 광고에서 네이티브 광고가 차지하는 비중은 60.2%에 이르는데 2020년경에는 63.2%까지 도달할 것으로 추정된다.

2013년 미국 인터랙티브 광고국(Interactive Advertising Bureau, IAB)은 네이티브 광고를 "다양한 플랫폼에서 제시되는 콘텐츠와의 응집력이 높으며 디자인과의 동화력도 높아 해당 플랫폼에서 이질감 없이 소비자의 행동 양식과 일치되는 유료 광고"라고 정의했다. 이러한 개념적 정의에도 불구하고 네이티브 광고는 브랜디드 콘텐츠(branded contents), 브랜디드 엔터테인먼트(branded entertainment), 콘텐츠 마케팅(contents marketing), 스토리텔링 마케팅(storytelling marketing), 브랜드 저널리즘(brand journalism), 기사형 광고(advertorial), PPL(product placement) 등 다양한 용어로 일컬어지고 있다. 그러나 크게 보면 "특화된 콘텐츠와 상업적 메시지를 다양한 온라인 플랫폼을 통해 자연스럽게 결합하여 타깃 소비자에게 전달하는 공통적인 현상"이라고 말할 수 있다. IAB가 제시한 플랫폼은 〈포브스(Forbes)〉와 같은 웹사이트 기반의 온라인 신문이나 잡지, 야후나 구글 등의 서치엔진, 그리고 페이스북이나 트위터와 같은 SNS를 모두 포함한다.

머릿결 관리에 대한 정보를 제시하는 글을 통해 자연스럽게 샴푸 제품을 홍보하는 네이티브 광고이다. 네이티브 광고의 상업적 메시지는 소비자에게 유용한 콘텐츠와 융합되어 전달된다. 따라서 소비자가 상업적 메시지를 인식함에도 불구하고 유용한 정보 습득을 위해 콘텐츠를 소비할 가능성이 높으며 동시에 광고효과를 얻을 수 있다.

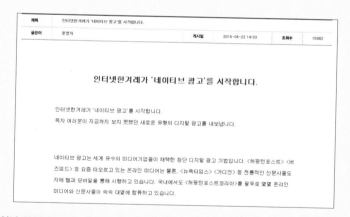

국내 신문이나 잡지 등에서도 네이티브 광고는 이제 쉽게 접할 수 있다. 사진은 2016년 4월 〈한겨레〉가 네이티브 광고를 시작하면서 홈페이지에 올린 글이다.

네이티브 광고와 브랜디드 콘텐츠는 큰 틀에서 유사점이 많지만 세부적으로 보면 차이점이 있다. 어떤 면에서 서로 구분되는지 각각의 특징을 비교해가며 살펴보자.

- 첫 번째, 네이티브 광고는 언론사 웹사이트와 같은 유료 매체(paid media)에 게재되거나 페이스북, 트위터, 인스타그램 등의 다양한 SNS 채널을 통해 소통하거나 이벤트를 제공한다. 반면에 브랜디드 콘텐츠는 브랜드가 소유한 웹사이트나 SNS 등 자체 매체(owned media)와 채널을 통해 전달된다. 물론 언론사의 SNS가 사용되기도 하지만 그것은 자체 매체의 커뮤니케이션을 보조하는 채널로 보는 것이 타당하다. 유용한 콘텐츠를 통해 소비자와 소통한다는 점에서는 네이티브 광고와 브랜디드 콘텐츠가 동일하지만, 콘텐츠를 올리는 주요한 배포처가 다른 것이다.

- 두 번째, 네이티브 광고는 발행인의 편집팀이 주도적으로 개발하는 반면 브랜디드 콘텐츠의 내용은 특정 브랜드의 마케팅팀에서 개발한다. 특히, 콘텐츠 내용상의 충실성과 크리에이티브 측면에서 브랜디드 콘텐츠가 네이티브 광고보다 더 깊이 있고 자율성이 높다고 볼 수 있다. 네이티브 광고는 언론사 웹사이트나 특정 SNS 채널의 콘텐츠 분량과 형식에 따라 제한을 받는다. 예를 들어, 페이스북 뉴스피드(newsfeed)나 트위터의 포스팅은 대체로 포맷이 고정되어 있는데, 이는 다른 콘텐츠와 일관성을 유지한다는 장점으로 여겨지지만 내용과 형식상의 크리에이티브적인 요소를 제약하는 단점으로 작용하기도 한다. 브랜디드 콘텐츠의 경우는 대체로 자사 웹사이트를 통해 제시되기 때문에 콘

브랜디드 콘텐츠 예. 오스트리아에서 개발된 에너지음료 레드불은 자사 홈페이지를 통해 캠핑 장소나 레포츠 관련 정보 등을 소개함으로써 유용한 콘텐츠를 제공함과 동시에 레드불에 대한 인지도를 높이고 있다.

텐츠 분량과 형식에서 훨씬 자유롭고 블로그, 영상, 인포그래픽 등 여러 가지 형식의 콘텐츠를 시도할 수 있다.

• 세 번째, 브랜디드 콘텐츠는 브랜드 애호자를 직접적인 타깃 수용자로 지정하지만 네이티브 광고는 언론사의 구독자를 대상으로 한다는 점에서 간접적인 접근으로 볼 수 있다. 즉 브랜디드 콘텐츠는 현재 브랜드 애호자를 대상으로 하지만 네이티브 광고는 훨씬 더 광범위한 잠재적 소비자를 대상으로 한다.

요약하자면 브랜디드 콘텐츠는 기업이 스스로 미디어화해 브랜드 자체 매체를 중심으로 소비자와 소통하기 위한 채널이다. 한편 네이티브 광고는 언론사 웹사이트나 SNS 플랫폼의 분량과 형식의 틀 안에서 제공되는 메시지를 의미한다. 이렇듯 몇 가지 차이점이 있으나 사실 그 본질은 대동소이하다. 오늘날 스마트한 소비자들에게 기존의 정형화된 광고문법과 설득은 더 이상 효율적이지 않다. 브랜드가 스스로 브랜디드 콘텐츠를 제공하던가, 네이티브 광고를 통해 유용한 정보를 제공한다면 소비자들의 마음을 얻기가 훨씬 쉬울 것이다.

3 네이티브 광고의 유형

네이티브 광고는 언론사 웹페이지나 SNS 등 다양한 플랫폼에서 가급적 소비자의 정보 습득을 방해하지 않으며 콘텐츠와 조화를 이루어 제공된다. 중요한 점은 소비자가 광고라고 지각하지 못할 정도로 플랫폼 레이아웃이나 콘텐츠와 유기적으로 결합되어 의도적으로 구분하는 것이 쉽지 않다는 것이다. 물론 이러한 결합의 수준이나 형태는 플랫폼의 형태에 따라 상이하므로 먼저 다양한 네이티브 광고의 유형에 대한 이해가 필요하다. 분야마다 학자마다 유형에 대한 여러 견해가 있으나 2013년 미국 인터랙티브 광고국(IAB)이 제시한 6가지를 대표 유형으로 보는 데 큰 이견이 없다. IAB는 효과적인 네이티브 광고 유형을 선정하기 위해서 먼저 다음의 5가지 요인이 브랜드 목표를 충족시키는지 확인해야 한다고 제시한다.

- 첫 번째 요인인 '형태(form)'는 광고가 레이아웃상에서 전체적인 페이지 디자인과 잘 맞는지, 소비자의 콘텐츠 소비 활동 흐름(stream) 내에 있는지 등을 의미한다.
- 두 번째 요인인 '기능(function)'은 광고가 소비자에게 동일한 콘텐츠 경험(contents experience)을 제공하는지를 의미한다. 예를 들어, 비디오 페이지에

서 비디오가 광고로 제시되는지, 스토리 페이지에서 스토리가 광고로 제시되는지를 뜻한다. 시청각적으로 다양한 포맷을 통해 전달된 광고가 일관된 경험을 제공할 수 있어야 한다.

- 세 번째 요인인 '통합(integration)'은 광고가 얼마나 주위 콘텐츠와 자연스럽게 노출되는지를 말한다. 언론사 첫 랜딩페이지나 페이스북 등 SNS에서 기사 또는 포스팅과 마찬가지로 읽고, 보고, 플레이할 수 있어 광고라는 차별적 지각을 갖지 않는 것을 말한다.

- 네 번째 요인인 '구매 및 타깃팅(buying & targeting)'은 광고의 위치가 특정 섹션이나 사이트에 얼마나 고정적으로 노출되는지, 소비자를 대상으로 어떤 타깃팅이 가능한지를 의미한다. 이를 통해 목표 소비자에 대한 적확한 타깃팅이 구매라는 가시적 결과로 도출되어야 한다.

- 다섯 번째 요인인 '측정(measurement)'은 성공 유무 확인을 위한 매트릭(metric)의 존재 여부이다. 브랜드 관여(brand engagement) 차원의 시청 수, 좋아요, 공유하기, 소비 시간 등이 사용되거나 매출, 다운로드 수, 등록 수 등이 있다.

위의 5가지 요인을 고려해 네이티브 광고 유형을 선정하고 광고 및 브랜드 목표 달성 가능성을 가늠해볼 수 있을 것이다. 이러한 기준을 중심으로 6가지 네이티브 광고의 유형을 살펴보자.

3-1 인-피드 광고

네이티브 광고 중에서 가장 보편적으로 사용되는 유형이 인-피드(in-feed) 광고 형태다. 가장 보편적인 만큼 다양한 변화(variation)를 보여주는 형태이기도 하다. 인-피드 광고는 발행인(publisher)의 일반적인 콘텐츠 내에 배치되며 콘텐츠는 발행인의 에디토리얼 팀이나 브랜드 간 협력을 통해 작성된다. 또한 다른 기사와 마찬가지로 페이지 내에서 링크가 제공되기도 하며 완전히 다른 콘텐츠나 브랜드 랜딩페이지로 이동시킬 수도 있다. 고정 배치 형태로 판매되어 광고의 위치와 주위를 둘러싼 콘텐츠 여부를 알 수 있다. 또 소비자 반응은 브랜드 관여 차원의 상호작용(interaction)이나 클릭률(Click Through Rate, CTR)로 측정할 수 있다.

대표적인 인-피드 광고의 예는 버즈피드(BuzzFeed), 포브스 브랜드보이스(Forbes Brand Voice), 매셔블(Mashable), 유튜브, 페이스북, 인스타그램, 트위터, 링크드인 등이 있다. 일반적으로 사용되는 광고 표식어(disclosure language)는 광고, AD, Promoted (by), Sponsored (by), Sponsored Content, Presented (by), Suggested Post 등이 있다.

페이스북 페이지에 올라온 넷플릭스 인-피드 광고로 다른 일반적인 콘텐츠와 동일한 포맷으로 노출되어 소비자가 느낄 수 있는 광고에 대한 이질감을 줄여줄 뿐만 아니라 좋아요, 댓글, 공유하기 등의 관여를 촉진하고 있다. 인-피드 광고 클릭 시 페이스북 넷플릭스 브랜드 페이지로 넘어가며 다양한 넷플릭스 오리지널 영화에 대한 콘텐츠를 읽을 수 있다.

매셔블 페이지에 올라온 브리티쉬 항공 인-피드 네이티브 광고로 다른 기사와 동일한 배너 형태로 제시된 것을 알 수 있다. 인-피드 광고를 클릭하면 관련 기사 페이지로 넘어간다. 해당 사진 하단 캡션에는 'PROMOTED BY BRITISH AIRWAYS'라는 광고 표식어가 있다.

3-2 유료 검색 광고

유료 검색 광고(paid search units)의 대표적인 특징은 네이티브 광고가 자연 검색(organic search)의 형태 및 레이아웃과 동일하게 제시된다는 점이다. 또 고정 배치로 판매되어 광고 위치와 주위 콘텐츠를 확인할 수 있다는 점이다. 유료 검색 광고의 경우 측정은 구매 여부로 확인할 수 있다. 유료 검색 광고는 주로 포털 사이트에서 볼 수 있는데, 검색 목록 상단 또는 하단에 검색어와 연관된 브랜드나 제품의 링크를 보여준다. 구글의 경우 Ad, 네이버는 '파워링크'라고 표시해 광고임을 나타낸다.

네이버 유료 검색 네이티브 광고. 검색창에 '테니스'라고 입력했을 때 관련해서 파워링크 유료 광고가 제시된 화면이다. 화면 왼쪽 상단에 '파워링크 '테니스' 관련 광고입니다'라는 광고 표식어가 있다.

3-3 추천 위젯

추천 위젯(recommendation widgets)은 주로 언론사 웹사이트에서 사용되는데 이용자의 관심 주제와 연관된 콘텐츠를 제공한다. 위젯은 발행인의 웹사이트에서 어떤 콘텐츠를 읽고 볼지를 제안하는 공간(space)으로 이해할 수 있다. 가장 일반적인 위젯은 기사 하단에 제시되어 소비자가 추가적으로 어떤 콘텐츠를 읽거나 볼지를 추천해준다. 일반적으로 그림 형태로 제시되며 클릭 시 관련 추천 기사 등을 읽을 수 있다. 추천 위젯 역시 다른 콘텐츠와 유사한 포맷으로 제시된다. 위젯의 포맷이나 디자인은 상당히 다양해 정형화하기 어렵다. 추천 위젯은 주로 첫 페이지에 눈에 잘 띄게 배치되며 일반적인 기사나 콘텐츠와 같이 보이지는 않아 광고임을 비교적 쉽게 알 수 있다. 위젯은 소비자의 온라인 데이터를 분석해 관심 주제나 브랜드를 추천하며 위젯을 클릭하면 제품과 관련된 페이지로 이동한다. 표식어는 '광고', 또는 'Recommended by', 'Advertisement', 'Paid Content'가 있다.

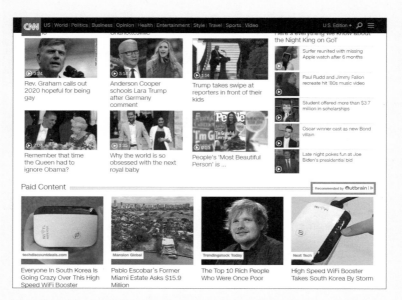

CNN의 추천 위젯 네이티브 광고. CNN의 Outbrain은 추천 위젯의 대표적인 예로 꼽힌다. 그림 오른쪽 아래 와이파이 부스터 광고 위에 'Recommended by Outbrain'이라는 광고 표식어가 보인다. 이용자의 관심 주제와 관련된 콘텐츠를 추천해주면서 동시에 유사한 포맷으로 제품을 소개하고 있다.

3-4 프로모션 리스팅

프로모션 리스팅(promotion listings)은 일반적으로 콘텐츠나 기사가 제공되지 않는 아마존이나 인터넷 쇼핑 사이트에서 주로 볼 수 있다. 특정 제품을 검색했을 때 관련 제품과 유사한 제품들의 프로모션 리스팅을 볼 수 있다. 리스팅을 클릭하면 마찬가지로 그전에 보았던 관심 제품과 동일한 포맷으로 제시된다. 다음 그림과 같이 '이 아이템과 관련된 후원 상품'이라는 광고 표식어가 붙는다.

아마존의 애플 와치3 프로모션 리스팅 네이티브 광고. 그림 왼쪽 아래에 '이 아이템과 관련된 후원 상품'
이라는 광고 표식어가 붙어 있다.

3-5 인-애드

인-애드(in-ad)는 기존 배너광고와 유사하나 해당 플랫폼의 콘텐츠와 연관된
내용의 광고를 보여준다. 기사와의 혼동을 막고 광고임을 고지하기 위해 인-애
드에는 굵은 선으로 테두리를 둘러야 한다. 예를 들어, 인터넷 신문의 경우 기사
내용이나 관련 제품군에 해당하는 광고를 측면에 배치에 문맥적 관련성을 높이
는 인-애드가 많이 실린다.

3-6 커스텀 광고

커스텀(custom)은 위에서 언급한 5가지 형태를 벗어나거나 특정 플랫폼의 자체적인 포맷을 활용한 특수 형태의 광고이다. 예를 들어, 유튜브는 영상을 재생하기 전에 트루뷰(trueview)를 통해 소비자의 관심 제품이나 서비스 또는 해당 영상과 연관된 광고를 보여주는데 이는 커스텀 광고에 해당한다.

유튜브 삼성제트 커스텀 네이티브 광고. 일정 시간 동안 광고에 노출되며 이후 광고를 넘기고 콘텐츠로 넘어갈 수 있다.

이상과 같이 6가지 대표적인 네이티브 광고 유형을 IAB의 5가지 요인에 따라 살펴보았다. IAB의 5가지 요인으로 국내 네이티브 광고 유형을 정확히 구분하거나 설명하기는 어려울 수도 있다. 하지만 전체적인 이해를 돕는 데는 유용할 것이다. 특히 앞부분에 소개한 인-피드 광고, 유료 검색 광고, 추천 위젯은 국내에서도 많이 이용되는 대표적인 네이티브 광고 유형이므로 주의 깊은 이해가 필요하다.

한편, 이 3가지 대표 유형은 소비자가 상업적 메시지를 콘텐츠나 기사와 혼동할 가능성이 높다는 점에서 네이티브 광고를 이용하는 기업은 윤리적 문제를 고려해야 한다. 그렇다면 네이티브 광고는 특정 기업이나 브랜드의 후원이 있음을 어느 정도로 명료하게 밝혀야 하는 것일까? 이는 투명성의 문제이기도 하지만 결국 네이티브 광고의 효과와 직결된다는 점에서 많은 논란이 되고 있다. 또한 기업이나 브랜드가 소유한 자체 매체가 아니라 유료 매체를 이용해 상업적 메시지를 전달할 경우 유료 매체의 평판(reputation)이나 신뢰도(credibility)가 브랜드 태도나 구매에 영향을 줄 수 있다. 이에 네이티브 광고의 특성으로 '스폰서 명시성'과 '웹사이트 평판'에 대해 살펴보기로 한다.

4 네이티브 광고의 특성

4-1 스폰서 명시성

네이티브 광고의 목표는 브랜드와 상품의 주요한 혜택을 소비자와 공감하고 소통하면서 진정성 있는 관계를 형성해가는 것이다. 이를 위해 네이티브 광고는 플랫폼의 레이아웃이나 콘텐츠와 유기적으로 결합하여 소비자가 자연스럽게 메시지를 받아들이도록 한다. 이러한 과정에서 소비자의 신뢰를 구축하고 나아가 적극적인 참여와 구전효과를 기대할 수 있다.

그렇다면 소비자의 콘텐츠 소비 경험이나 몰입(flow)을 저해하지 않으면서 광고를 노출한다는 것은 어떤 의미일까? 현재까지 네이티브 광고의 성공은 소비자가 네이티브 광고가 새로운 광고의 한 유형임을 인지하지 못하고 단순히 유용한 정보로 받아들였을 가능성이 높았기 때문으로 이해된다. 즉, 한편으로는 기업이 소비자가 광고임을 인식하지 못하도록 출처를 애매모호하게 하거나 은폐하여 소비자를 기만했을 가능성이 높다는 것이다. 소비자는 광고를 회피하는 경향이 있는데, 특히 개인의 자유의지와 무관하게 강압적으로 노출됐을 경우 심리적 반발감(psychological reactance)◆으로 광고는 물론 해당 브랜드와 기업에 부정적인 태도를 형성할 수 있다. 설령 메시지를 저항 없이 수용하더라도 광고라는 사실을 차후에 인지할 경우 실망감을 느끼게 된다. 이런 점에서 보면, 지금까지 기업은 네이티브 광고를 집행할 때 스폰서 노출 자체를 법적인 측면에서 회피하거나 최소화한 측면에서 자유로울 수 없다.

다음 도표에서 볼 수 있듯이 한국언론진흥재단에서 실시한 조사 결과 응답자 중 80%가 네이티브 광고가 독자들에게 광고와 기사를 구분하는 데 혼동을 준다고 하였다. 또한 응답자의 77%가 기사라고 읽었는데 광고일 경우 속은 느낌을 받을 것이라고 밝혀 네이티브 광고에 대한 인식이 그다지 우호적이지 않음을 알 수 있다.

◆ 심리적 반발감(저항감)은 개인의 행위적 자유를 위협하거나 제한할 수 있는 외부의 제안, 규칙, 사람 등을 향한 불쾌한 동기유발적 자극(arousal) 또는 반응(reaction)으로 정의할 수 있다. 심리적 반발감은 타인이 개인의 선택에 대한 대안을 제거하거나 또는 강압적으로 특정 가치관, 세계관, 태도를 강요할 때 발생한다. 이처럼 개인의 자유가 억압되거나 위축될 때 심리적 반발감이 발생하고 위협받은 자유를 회복하고자 노력하게 된다.

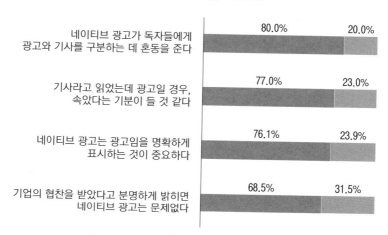

	그렇다	그렇지 않다
네이티브 광고가 독자들에게 광고와 기사를 구분하는 데 혼동을 준다	80.0%	20.0%
기사라고 읽었는데 광고일 경우, 속았다는 기분이 들 것 같다	77.0%	23.0%
네이티브 광고는 광고임을 명확하게 표시하는 것이 중요하다	76.1%	23.9%
기업의 협찬을 받았다고 분명하게 밝히면 네이티브 광고는 문제없다	68.5%	31.5%

네이티브 광고가 일으키는 혼동에 대한 의견 및 해결책◆

특히, 뉴스기사 형식의 네이티브 광고에서 스폰서를 명시하지 않아 광고 및 브랜드에 대한 부정적인 효과가 발생하고 있다. 이에 2014년 인터넷신문위원회는 협찬 또는 후원을 받은 기사는 명백히 이를 인식할 수 있는 문구를 표시해야 한다는 자발적 규제방안을 제시했다.◆◆ 이러한 조치는 네이티브 광고가 언론사 웹사이트가 제공하는 기사의 내재된 가치인 객관성, 공정성, 신뢰성을 이용하기 때문에 필요하다. 언론사 웹사이트를 통해 전달된 정보가 상업적 메시지임을 추후 알게 된다면, 소비자는 실망하고 브랜드에 대해 부정적 인식을 지니게 될 것

◆ 한국언론진흥재단 연구센터가 실시한 온라인 조사 결과를 참고해 재작성한 표이다(2015년 5월 27~29일, 사례수 1033명).
   http://www.kpf.or.kr/site/kpf/research/selectMediaPdsView.do?seq=7309

◆ ◆ 인터넷신문윤리위원회 (2018). 인터넷신문윤리강령: 인터넷신문광고 자율규약.
   https://docs.wixstatic.com/ugd/598958_41bf45ff355b42e6b0a5fb05b5083a3d.pdf

이다. 광고 유형에 대한 지식이나 제품에 대한 경험이 부족한 소비자일 경우 광고 내용을 기사로 받아들이거나 주장이나 의견을 사실로 받아들일 가능성이 높으며, 이후 네이티브 광고라는 점을 인지했을 때 기업이나 언론사에 더욱 불신감을 가질 것이다.

4-2 SNS와 웹사이트에 대한 평판

소비자들은 제품 관련 정보를 탐색하기 위해 많은 시간을 온라인상에서 소비하고 있다. 시장조사 전문기업 엠브레인이 전국의 만 19-29세 성인 남녀 1000명을 대상으로 설문조사를 실시한 결과, SNS의 정보를 매우 신뢰하는 편이라고 답한 응답자가 2014년 41.4%에서 2016년 39.3%로 하락했다. SNS를 통해 전달되는 정보를 믿지 않는다는 부정적 응답도 24.1%에 달했는데, 그 이유로 최초 정보 제공자를 대부분 확인하기 어렵고 유언비어나 정보 등이 악용될 소지가 있기 때문이라고 답했다. 또한 SNS를 통해 공유되는 뉴스를 평가할 때 '언론사' 자체보다 '공유자'의 신뢰성을 판단의 기준으로 삼는다는 대답이 많았다. 즉 기사 자체의 신뢰성보다는 누가 전달했는지 공유자의 신뢰성이 더 중요한 판단기준이 된다는 것이다.

　　SNS나 웹사이트에 대한 평판은 매체 그 자체로 메시지의 설득 효과에 영향을 미칠 수 있다. 특히, 유료 매체를 활용하는 기업이나 브랜드의 경우 기업평판(corporate reputation)이나 브랜드 충성도(brand loyalty) 이외 SNS 평판이나 웹사이트 평판이 영향을 미칠 수 있다. 예를 들어, 2018년 12월 음란물 차단을 선언한 텀블러(www.tumblr.com)의 경우 현재까지 구글, 페이스북, 트위터, 인스타그램 등 국내외 사업자가 참여하고 있는 '자율심의협력시스템'에 가입되어 있지 않다. 똑같은 정보라도 SNS 플랫폼 자체의 신뢰도는 콘텐츠에 대한 신뢰도 평가에 영향을 미칠 것이다. 마찬가지로, 언론사 발행인의 웹사이트 등 유료 매체에 게재되는 네이티브 광고 역시 해당 언론사에 대한 평판에 따라 콘텐츠 신뢰도에 대한 평가가 달라질 것이다. 온라인 소매 상황에서 웹사이트에 대한 평판이 소비자의 감성과 구매의도에 정적인 영향을 미치는 반면 지각된 위험(perceived risks)은 감소시킨다. 유사한 맥락에서 온라인 구매 시 소비자들은 평판이 좋은 웹사이트에서 판매되는 제품에 대하여 지각된 품질과 구매의도는 높게 평가했으나 지각된 위험은 덜 느끼는 것으로 밝혀졌다. 즉 제품관련속성(product-related attributes)이나 제품내적속성(intrinsic product attributes)이 제시되지 않을 경우, 의사결정을 위한 대안으로 웹사이트에 대한 평판에 의존하는 것을 확인할 수 있다. 보통 상업적 또는 개인 웹사이트에 비해 언론사 웹사이트에 대한 평판이 높다고 볼 수 있다.

결론적으로 보면, 현재 많은 사람들이 네이티브 광고가 (SNS에 실리든 웹사이트에 실리든) 일반적으로 유용한 정보를 제공하고 신뢰할 만한 채널이라고 인식하고 있다는 것을 알 수 있다. 2015년 한국언론진흥재단에서 실시한 조사 결과 응답자의 70%가 네이티브 광고가 유용한 정보를 제공한다고 했으며, 응답자의 약 60%가 정보가 신뢰할 만하다고 하였다. 그러나 전술한 바와 같이 광고유형, 스폰서 명시성, SNS 또는 웹사이트 평판 여부에 따른 네이티브 광고의 효과와 소비자에게 미치는 영향 등에 대하여 보다 면밀한 분석이 필요할 것이다.

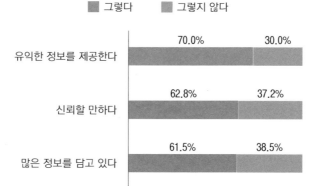

	그렇다	그럴지 않다
유익한 정보를 제공한다	70.0%	30.0%
신뢰할 만하다	62.8%	37.2%
많은 정보를 담고 있다	61.5%	38.5%
재미있다	55.4%	44.6%

네이티브 광고를 본 소감*

신호이론(signaling theory)**은 앞서 언급한 스폰서 명시성과 웹사이트 평판이 어떻게 네이티브 광고를 통해 제시되는 제품이나 서비스의 가치 평가에 영향을 미치는지 설명해준다. 스폰서 명시성과 웹사이트 평판은 중요한 제품외적 속성인데 신호이론을 알기 위해서는 제품속성(product attributes)에 대한 이해가

◆ 한국언론진흥재단 연구센터가 실시한 온라인 조사 결과를 참고해 재작성한 표이다(2015년 5월 27~29일, 사례수 1033명).
http://www.kpf.or.kr/site/kpf/research/selectMediaPdsView.do?seq=7309

◆ ◆ 신호이론이란 정보 전달의 송신자와 수신자 간 존재하는 정보 비대칭성(information asymmetry)을 설명하는 이론이다. 효과적인 정보교환이나 구매행위를 촉진하기 위해 송신자는 수신자에게 제한되거나 조작된 정보를 제공하여 수신자의 인지적 지각이나 의사결정에 영향을 미친다. 마케팅 관련 연구를 살펴보면 본문에서 설명하는 제품외적속성인 브랜드 네임이나 평판이 구매자에게 신뢰를 심어주는 대표적인 신호로 볼 수 있다. 특히 제품에 대한 객관적 지식이나 정보가 부족할 경우, 소비자는 스폰서 명시성과 웹사이트 평판에 의존하여 제품이나 기사 내용을 평가하게 된다.

필요하다. 속성은 제품 평가에 영향을 미치는 요인으로 '제품내적속성(intrinsic product attributes)'과 '제품외적속성(extrinsic product attributes)'이 있다. 제품내적속성은 제품 평가에 직접적인 영향을 미치는 것으로 스마트폰의 경우 해상도와 카메라 화소 등이 그 예다. 반면 제품외적속성은 제품의 기능적 속성이나 성능과 직접적인 관련은 없지만 제품 평가에 영향을 미치는 단서로 작용하는 것이다. 그 예로 브랜드네임, 국가 원산지(country-of-origin), 가격, 제품보증서, 연예인 등을 들 수 있다.

제품에 대한 지식이 부족한 소비자일수록 외적속성이나 휴리스틱(heuristic)에 의존해(즉 과거 경험에 의존해 직관적으로) 제품을 평가하기 쉽다. 실례로 사람들은 독일산 자동차, 스위스산 시계, 일본산 전자제품, 프랑스산 화장품 등을 무조건 높게 평가하는 경향이 있다. 원산지 이미지와 같이 제품외적속성에 따른 평가는 소비자 의사결정과정을 단순화시켜 정확성은 다소 떨어지지만 신속한 판단에 도움을 준다. 이와 같이 제품외적단서가 소비자의 제품 평가에 미치는 영향을 일컬어 '후광효과(halo effect)'라고 한다. 반면 제품에 대한 지식이 많을수록 제품내적속성에 기초한 평가를 내릴 '능력(ability)'과 '동기(motivation)'가 커지고, 동시에 반복적 인지적 정보처리과정(cognitive information processing)을 회피하고 정확하고 신속한 평가를 위해 축적된 경험지식을 활용할 수 있다. 예를 들어, 자동차에 대한 객관적 지식(objective knowledge)을 많이 보유한 자동차 전문가는 반복된 경험을 통해 '독일산 자동차는 품질이 좋다'라는 평가를 빠르고 정확하게 내릴 수 있다. 이들은 자동차에 대한 주관적 지식(subjective knowledge)과 함께 잘 알고 있다는 확신감(confidence)으로 제품을 평가하게 되는데, 이러한 현상을 '요약효과(summary effect)'라고 한다.

원점으로 돌아가 신호이론에 따르면, 제품내적속성은 소비자가 제품의 품질이나 성능과 관련된 예상가치를 평가하는 데 유용하다. 반면 브랜드와 소매점 평판 등 제품외적속성은 소비자가 비교적 용이하게 평가의 기준으로 삼을 수 있다는 점에서 빈번하게 소비자 의사결정과정에 이용된다. 요즘 같이 온라인 상거래나 소셜커머스가 활발한 시대에는 촉지각을 통하여 제품에 대한 물리적 평가를 내리기가 갈수록 어려워진다. 제품지식이나 제품내적속성에 대한 이해가 부족한 소비자일 경우 SNS나 웹사이트 평판이 평가의 중요한 잣대로 사용될 가능성이 높다. 실례로, 온라인 쇼핑몰 쿠팡의 올해(2019년) 상반기 거래액은 7조 8400억 원에 달하고 총 거래액은 10조 원을 넘어설 것으로 예상된다고 한다. 11번가나 G마켓을 누르고 이커머스 왕좌로 등극하게 되는 것이다. 쿠팡은 전략적 마케팅과 서비스로 막강한 시장지배력을 지니게 되었는데 요즈음 소비자들은 제품 자체에 대한 신뢰보다는 쿠팡이라는 플랫폼을 먼저 떠올리는 경우가 많다.

결론적으로 네이티브 광고이든 브랜디드 콘텐츠이든 SNS 마케팅의 핵심은 콘텐츠 유용성을 바탕으로 한 '콘텐츠 경쟁력'이다. 물론 경쟁력 있는 콘텐츠가 평판 있는 매체를 통해 전달된다면 금상첨화일 것이다. 소비자에게 콘텐츠가 유용하고 도움이 된다면 스폰서 명시 여부나 플랫폼에 대한 평판은 부차적인 요인으로 작용할 뿐이다. 스폰서 명시성과 웹사이트 평판은 단지 광고효과를 강화 또는 경감시키는 조연인 것이다. 따라서 소비자에게 유용하고 도움이 되는 정보라면 SNS 플랫폼이나 언론사 웹사이트에 대한 신뢰를 밑천으로 삼지 않아도 된다. 콘텐츠가 도움이 되지 않는다면 공유자에 대한 소비자들의 태도는 변화가 없고 그런 정보를 작성한 언론사에 비난의 화살을 돌릴 수도 있다.

소비자가 구입하는 제품과 서비스도 결국 소비자 개인의 만족감, 행복과 안녕감을 높이기 위한 물질적, 사회적, 경험적, 또는 심리적 수단이다. 그 때문에 마케터는 항상 소비자를 새로운 용어로 정의하고 현상을 파악하여 시장의 변화와 트렌드를 따라가려고 한다. 또 제품의 콘셉트를 잡고 소비자를 세분화하여 자사 브랜드를 소비자의 마음속에 포지셔닝시키려고 한다. 그러나 이러한 개념과 마케팅 활동들은 정량적 성과를 도출하기 위한 첫걸음에 불과하다. 마케터는 궁극적으로 소비자가 무엇을 원하는지 면밀하게 살펴보아야 한다. 브랜드가 제공하는 많은 유무형의 가치와 혜택은 결국 소비자가 느끼는 심리적 행복감으로 귀결되어야 한다. 이 점을 염두에 두고 이번 장에서는 소비자의 심리적 행복감이란 무엇인지 알아볼 것이다. 그리고 대표적인 학자들은 행복에 대해 어떻게 접근하고 정의했는지 살펴보고, 소비자의 심리적 행복감을 증진시키는 단계를 나타낸 피라미드 모형을 제시하고자 한다.

chapter 04

소비자의
심리적 행복

금호고속은 한국서비스품질지수◆ 고속버스 부문에서 14년 연속 1위를 차지했다(2018년 기준). 금호고속의 경영철학은 고객행복경영으로 모든 일을 고객 중심으로 더 편리하게, 더 안전하게, 더 친절하게 진행하여 성과를 낼 수 있는 시스템을 지향한다. 이를 실천하고자 금호고속 전 임직원은 매달 현장에서 사고, 고장, 불만을 예방하기 위한 '3-ZERO 현장 캠페인'을 실시하고 탑승 고객의 피드백을 받기 위해 '아름다운 행복경영 모니터스'를 진행하고 있다. 또한 고객의 입장에서 불편한 점을 찾고 서비스를 향상하기 위하여 '고객행복 회의체'를 운영 중이다.

소니의 공동 설립자이며 회장을 지낸 모리타 아키오(盛田昭夫, Morita Akio)는 소니와 이해관계에 있는 모든 사람에게 행복을 선사하는 것이 자신의 경영철학이라고 밝혔다. 그는 탁월한 마케팅 감각으로 소니를 세계적 기업으로 이끌었다. 이처럼 소비자의 행복을 바탕으로 한 진정성 있는 실천은 곧 소비자 감동과 행복으로 이어지고, 이는 매출이나 수익으로 자연히 연결되기 마련이다. 따라서 기업의 모든 마케팅 활동은 소비자에게 행복을 제공해줄 수 있어야 한다. 고객의 지갑을 여는 것이 아니라 고객을 얼마나 행복하게 만들어줄 수 있을지가 마케팅의 관건이 되어야 한다.

소비자가 구입하는 제품과 서비스도 결국 소비자 개인의 만족감, 행복과 안녕감을 높이기 위한 물질적, 사회적, 경험적, 또는 심리적 수단이다. 그 때문에 마케터는 항상 소비자를 새로운 용어(예: Y세대, 밀레니얼 세대)로 정의하고 현상을 파악하여 시장의 변화와 트렌드를 따라가려고 한다. 제품의 콘셉트를 잡고 시장을 세분화하여 자사 브랜드를 소비자의 마음속에 포지셔닝시키려고 한다.

◆ 한국서비스품질지수(Korean Standard-Service Quality Index, KS-SQI)는 한국표준협회와 서울대 경영연구소가 서비스 산업과 소비자 특성을 반영해 공동 개발한 대표적인 서비스산업 품질지수이다.

그러나 이러한 개념과 마케팅 활동들은 정량적 성과(예: 브랜드 인지도, 판매량)를 도출하기 위한 첫걸음에 불과하다. 마케터는 궁극적으로 소비자가 무엇을 원하는지 면밀하게 살펴보아야 한다. 브랜드가 제공하는 많은 유무형의 가치와 혜택은 결국 소비자가 느끼는 심리적 행복감으로 귀결되어야 한다. 이러한 점을 염두에 두고 이번 장에서는 소비자의 심리적 행복감이란 무엇인지 알아볼 것이다. 그리고 대표적인 학자들이 행복에 대해 어떻게 접근하고 정의했는지 살펴보고, 끝으로 소비자의 심리적 행복감을 증진시키는 단계를 나타낸 피라미드 모형을 제시하고자 한다.

1 심리적 행복감이란?

모든 마케팅의 목표는 '소비자 행복'이다. 제품이나 서비스는 궁극적으로 행복을 추구하는 소비자와의 관계 구축을 위한 가장 기본적인 수단이다. 우리는 다음과 같은 몇 가지 질문을 던질 수 있다. 어떤 사람은 항상 명품 브랜드를 구매하고 소비하지만 행복감을 느낄 수 없는 반면, 어떤 사람들은 소비가 미덕인 세상속에 과시적 소비를 하지 않더라도 행복하다고 생각한다. 브랜드는 어떻게 소비자에게 순간적인 쾌락(pleasure)이나 즐거움이 아닌 행복감을 느끼게 하고 그들과 영속적인 관계를 유지·발전시킬 수 있을까?

긍정심리학(positive psychology)의 주요한 분야인 심리적 행복감에 관한 학문적 역사는 그다지 오래되지 않았다. 그 이유는 심리학의 발달이 시대적 배경과 사회를 반영하기 때문이다. 미국의 경우를 살펴보면, 2차 세계대전이 끝난 뒤수많은 퇴역군인들이 참전 후유증을 겪으며 이를 치료할 필요성이 제기되었다. 1946년 퇴역군인지원법이 제정되었고 같은 해 창립된 국립정신보건원(National

Institute of Mental Health, NIMH)◆은 정신장애와 관련된 연구와 치료에 집중적인 투자를 하면서 많은 심리학자들이 심리적 장애 해결에 관심을 가지게 되었다. 2차 세계대전 참전으로 인한 심리적 치료는 당시 시대 상황을 반영한 심리학의 중요한 당면 과제였다.

그러나 이러한 심리적 장애 해결을 위한 많은 노력과는 별개로 심리적인 측면에서 인간이 지닌 천부적 소질이나 재능을 키워내거나 사람들이 보다 즐겁고 행복한 삶을 살도록 이끄는 심리학의 연구 사명은 상대적으로 등한시되었다. 특히, 평범한 사람들의 행복 증진이라는 사명은 인간의 어두운 측면만을 다루는 정신장애, 심리적 결함이나 부적응과 같은 병리적 현상이나 문제 해결 및 치료에 치우쳐 관심 밖의 영역이었다. 실제로 1990년대까지 심리학에서 연구된 논문을 살펴보면, 인간의 부정적 측면을 다룬 연구가 긍정적 측면을 다룬 논문에 비해 17배나 많다. 1998년 미국심리학회장으로 취임한 마틴 셀리그만(Martin Seligman) 이후 비로소 많은 학자들이 긍정적인 인간의 심리 현상에 대해 본격적인 관심을 갖고 인간 본연의 '강함'과 '미덕'에 대해 연구할 필요성을 강조하기 시작했다. 긍정심리학의 역사가 약 20년에 지나지 않는다는 점에서 앞으로도 긍정심리학의 사회적 역할과 기능에 대한 심도 있는 고민이 필요할 것이다.

긍정심리학자들은 인간이 나타낼 수 있는 최선의 기능적 상태를 구현하기 위한 과학적 연구를 목표로 한다. 그들은 (문화적으로 다양한 차이가 있겠으나) 인류가 추구하는 가장 중요한 일생의 가치를 '행복(happiness)'으로 보고 이를 성취하기 위해 긍정심리학의 주요한 연구주제로 다뤄왔다. 나아가 긍정심리학의

◆　NIMH는 생의학(biomedical)과 건강 관련 연구를 책임지는 미국의 대표적 정부기관인 미국국립보건원(National Institutes of Health, NIH)의 27개 센터 중 하나이다. NIMH는 전 세계에서 가장 큰 정신질환(mental disorder) 관련 연구기관으로 2019년 현재 조슈아 고든(Joshua Gordon)이 디렉터로 있다. NIMH는 1946년 해리 트루먼(Harry Truman) 대통령에 의해 승인되었다.

목표를 '플로리시(flourish)'로 보기도 한다. 플로리시란 개개인이 가지고 있는 좋은 생각, 감정, 행동을 포함한 모든 잠재능력이나 역량을 발휘해 활짝 꽃피우게 하는 것이다. 행복 또는 플로리시의 궁극적 목표는 개인뿐만 아니라 집단 그리고 사회 전체가 더욱 건강하게 성장하고 번창할 수 있는 요인들을 발견하고 육성시키는 것이다. 이러한 점에서 긍정심리학의 역할과 기능은 기업과 브랜드의 마케팅 및 마케팅 커뮤니케이션의 이상적인 목표와 부합하며 이에 대한 고차원적인 논의가 필요하다. 이에 앞서 이번 장에서는 행복감 또는 안녕감이 무엇인지, 그리고 행복감을 느끼게 하는 요인들은 무엇인지에 대해 주요 연구자별로 살펴보도록 하자.

2 다이너의 주관적 안녕감

필자는 얼마 전 가족들과 영화 〈알라딘〉을 보았다. 꽤 오랜만에 가족들과 함께 시간을 보낸다는 생각에 어떤 영화든 재미있게 볼 의지가 있었지만, 한편으로는 다소 유치하지 않을까 하는 생각도 들었다. 그러나 우려와 달리 지니 역을 맡은 윌 스미스(Will Smith)가 영화 보는 내내 지루해할 틈을 주지 않아 무척 재미있게 관람했다. 그런데 얼마 지나지 않아 다시 영화관을 찾아 〈라이온킹〉을 보게 되었는데, 물론 영화 장르나 스토리 등에서 차이가 있겠지만 이번에는 알라딘을 볼 때만큼 감흥이 오지 않았다. 여기서 질문을 한번 던져보자. 사람들은 한 달에 한 번 영화를 본다면 행복하다고 느낄까? 이는 개인마다 다를 것이다. 어떤 사람은 월 1회의 영화 관람에 큰 의미를 부여하며 긍정적 감정과 행복감을 느낄 수 있지만, 어떤 사람은 2-3회가 적정하다고 생각해 문화생활에 대한 상대적 빈곤감을 느낄 수도 있다.

또 다른 예로, 어떤 사람은 현재의 삶에 만족하며 지금 느끼는 행복감이 지속되기를 바라는가 하면, 어떤 사람은 현재의 삶을 넘어서는 변화된 미래와 이상적인 상황을 꿈꾼다. 대부분의 사람은 부와 권력을 누리고 싶어 한다. 그런데 얼마나 돈이 있어야 만족할까? 어떤 사람은 작은 집 한 채에 만족하며 행복해하는 반면, 대궐 같은 집을 여러 채 소유해도 만족하지 못하고 끝없이 욕심을 부리는 사람이 있다. 이 같은 현실 자아(actual self)와 이상 자아(ideal self) 간의 괴리감은 사람의 심리적 안녕감(psychological well-being)과 행복감(happiness)◆에 부정적 영향을 끼친다. 현실주의자나 이상주의자나 판단의 준거점은 다르지만 스스로의 균형점을 찾을 때 비로소 행복감을 느낄 수 있다.

미국의 심리학자이자 일리노이대학교의 교수인 에드워드 다이너(Edward F. Diener)는 행복박사라고 불린다. 그는 '주관적 안녕감(Subjective Well-Being,

---

◆ 행복은 정신적·감성적 차원에서 갖는 즐겁고, 긍정적인 정서적 상태를 지칭한다. 심리학에서 행복은 다양한 하위 개념으로 설명되는데 조이, 쾌락, 자족감, 만족감, 충족감, 유포리아 등 그 외 다수가 있으나 여기서는 이 모두를 통칭하는 의미로 보고자 한다. 이 개념들은 학자마다 상대적으로 차이가 있으나 행복과 비교했을 때 의미를 간략하게 살펴보면 다음과 같다.

먼저, 조이(joy)는 내면적으로 경험할 수 있는 평화, 영적인 경험, 사회 봉사, 희생, 도덕적 삶을 통해 획득하는 즐거움이다. 쾌락(pleasure)은 감각적, 즉시적, 본능적(visceral), 직관적이며 쾌락의 탐닉은 물질 또는 행위에 대한 중독으로 발전하며 이는 호르몬이나 신경전달물질인 도파민(dopamine)과 관련되어 있다. 자족감(contentment)은 과도한 소유욕이나 욕구에 동요하지 않으며 더 바랄 수는 있으나 스스로 가진 것에 흡족해하는 상태를 의미한다. 만족감(satisfaction)은 장기적, 목적지향적인 삶을 달성함으로써 갖게 되는 느낌이다. 2002년 노벨 경제학 수상자이자 인지심리학자인 대니얼 카너먼(Daniel Kahneman)은 사람들은 역설적으로 현재 순간의 행복을 극대화하기보다는 장기적, 목표지향적인 삶의 달성과 사회적 비교를 통해 만족감을 추구한다고 하였다. 그는 만족감은 행복한 과거 기억(memory)에 대한 회고이며 이는 마치 관광지에서 풍경을 오감으로 즐기는 것보다 카메라에 담으려는 관광객의 모습과 같다고 하였다. 충족감(gratification)은 목표나 사회적 승인, 소속, 인정 욕구 등 달성에 대한 즐거운 감정적 반응이다. 충족은 즉각적 충족(immediate gratification)과 지연된 충족(delayed gratification)으로 구분된다. 즉각적 충족은 충동적 행위로 달성되는 반면, 지연된 충족 또는 참을성(patience)은 일반적으로 장기적인 관점에서 보상이 따르고 미덕(virtue)으로 여겨진다. 마지막으로, 유포리아(euphoria)는 정서적, 경험적으로 획득된 강렬한 행복감이나 심신의 안녕감을 뜻하며 유산소 운동 등 육체적 활동이나 중독성 물질을 통해 유도되기도 한다.

SWB)'을 구성하는 요소로 개개인의 삶의 질에 대한 '인지적 평가(cognitive evaluation)'와 '정서적 평가(emotional evaluation)'가 중요하다고 보았다. 그가 의미하는 행복감 또는 웰빙의 사전적 의미는 우리말로 복지, 안녕, 행복, 번영 등 다양하게 정의될 수 있다.

구체적으로 살펴보면, 주관적 안녕감은 자신의 삶에 대해 인지적으로 만족스럽다고 판단하는 삶의 만족도(satisfaction with life), 정서적 평가인 부정적 정서(negative affect)와 긍정적 정서(positive affect) 3가지 요소로 구성된다. 삶의 만족도는 과거와 현재의 삶에 대한 충족감이며 지금 이대로의 모습과 생활에 만족하므로 미래에 나아지고자 하는 욕구를 크게 느끼지 않음을 의미하기도 한다. 즉, 현재의 행복한 삶과 다가올 자신의 미래가 변함없이 행복할 수 있다는 희망 혹은 기대가 주관적 안녕감에 영향을 미친다. 환언하자면, 인지적 측면에서 개인 삶에 대한 만족도는 개인이 설정한 기준과 비교해 삶의 상태를 평가하는 의식적인 판단을 의미한다. 따라서 개인의 내적 욕망을 줄이든가 물질적 소유를 통해 미충족된 삶의 만족도를 높이든가 여러 가지 방법을 찾을 수 있다. 어쨌든 인지적이고 의식적인 판단의 간극이 줄어들수록 삶의 만족도를 느낄 수 있다. 또한 감정, 무드, 느낌으로 대표되는 정서적 평가 차원에서 우울감, 슬픔, 질투감 등 부정적 정서는 최소화하고 행복감, 즐거움, 환희감 등 풍부한 긍정적 정서를 지닐 때 주관적 행복감이 높아질 수 있다.

이처럼 삶의 만족도에 대한 인지적 평가와 긍정적, 부정적 정서에 대한 평가는 상황에 따라 차이점이 있다. 대체로 긍정적, 부정적인 정서적 평가는 상황 변화에 따른 단기적이고 즉각적, 직접적인 반응으로 지속 기간이 비교적 짧으며 무의식적인 동기나 생리적 상태에 따라 영향을 받는 경향이 있다. 예를 들어, 어제 저녁 근사한 레스토랑에서 연인과 데이트를 했다면 그 생각만으로도 행복감과 즐거움을 느낄 것이다. 반면 직장 상사에게 크게 꾸지람을 들었다면 우울감이나 회의감이 들 것이다. 이처럼 긍정적 또는 부정적 정서는 단기적이고 즉각적인 심리적 반응에 해당한다. 그러나 삶의 만족도에 대한 인지적 평가는 장기적인 관점에서 이해할 수 있으며, 삶의 상태에 관한 의식적인 평가로 가치관이나 장기적 목표에 영향을 받는다. 요컨대 다이너는 주관적 행복감을 증진시키기 위해 되도록 긍정적 정서를 풍부하게 갖고 부정적 정서를 최소화하는 한편, 인지적 차원에서 높은 삶의 만족도를 경험할 수 있도록 해야 한다고 보았다.

아래 표는 주관적 안녕감의 구성 요소를 보여준다. 특히 삶에 대한 만족도는 다양한 요소로 구성되는데 삶의 변화, 과거·현재·미래에 대한 만족도, 삶에 대한 중요한 타인의 평가가 반영됨을 알 수 있다. 삶에 대한 만족도가 해당 요소의 산술적 합산은 아닐 것이며 여러 요소 간의 전반적인 긍정적 평가가 중요할 것이다.

주관적 안녕감의 구성 요소 *

정서적 구성 요소		인지적 구성 요소	
긍정 정서	부정 정서	삶에 대한 만족도	만족도 평가 영역
즐거움	죄책감, 수치감	삶의 변화에 대한 욕구	일
고양감	우울감	현재 삶에 대한 만족도	가족
만족감	불안감, 걱정	과거 삶에 대한 만족도	여가
자존감	분노감	미래 삶에 대한 만족도	건강
애정감	스트레스	자신의 삶에 대한 중요한 타인의 견해	재정상태
행복감	우울감		자아
환희감	질투감		소속집단

다이너는 인간의 삶에 대한 평가는 모든 사람들에게 동일한 잣대로 할 수 있는 것이 아니라 개인의 성격이나 기질, 재정상태, 건강, 레저 및 문화생활, 문화적 차이 등의 다양한 상황에 대한 인지적, 감성적인 평가에 따라 달라진다고 보았다. 관련 연구들을 살펴보면 외향성(extraversion)을 지닌 사람들이 신경증(neuroticism)을 지닌 사람들에 비해 더 행복감을 느낀다고 한다. 삶에 대한 낙관주의(optimism), 삶을 통제(control)할 수 있다는 자신에 대한 신념이나 믿음, 그리고 자아존중감(self-esteem)을 지닌 사람들이 대체로 주관적 행복감이 높으며 외로움(loneliness)도 덜 느낀다. 또 가족의 든든한 지지를 받으며 적극적인 사회활동을 하는 사람들이 더욱 행복감을 느낀다. 주관적 행복감이 높은 사람은 일반적으로 건강하게 장수하며, 소득수준과 업무생산성 및 창의성도 높은 것으로 밝혀졌다.

한편 다이너의 주관적 안녕감에 관심을 가지고 연구한 국내 연구자들도 여럿 있다. 대표적으로 연세대학교 심리학과 서은국 교수는 2011년 주관적 안녕감의 핵심 요소인 삶에 대한 만족도, 긍정 정서 및 부정 정서를 측정하기 위한 단축형 행복 척도(Concise Measure of Subjective Well-Being, COMOSWB) 9문항을 개발했다.[♦♦] 또 동국대학교 경영대학 류주연, 유창조 교수는 다이너의 주관적 안녕감과 관련해 브랜드가 소비자들에게 심리적 가치, 긍정 정서 및 부정 정서를 제공함을 밝히고 이를 브랜드 행복지수(Brand Happiness Index, BHI)로 명명했다. 심리적 가치는 성취감·소속감·우월감·윤리성으로 구성되고, 긍정 정

♦　'주관적 안녕감의 구성 요소' 표는 다음 글에 소개된 것을 재작성한 것이다. Diener, E., Suh, E. M., Lucas, R. E., & Smith, H. L. (1999). Subjective well-being: Three decades of progress. *Psychological bulletin*, 125(2), 276-302.

♦♦　서은국, & 구재선 (2011). "단축형 행복 척도(COMOSWB) 개발 및 타당화". 〈한국심리학회지: 사회 및 성격〉, 25(1), 95-113.

서는 따뜻함·신기함·홍분이며, 마지막으로 부정 정서는 무기력·식상함·화남 등 총 10개의 요인이 있다. 이들 문항을 토대로 국내 9개 자동차 브랜드에 대해 소비자 1350명을 대상으로 브랜드별, 차급별로 행복의 차이가 있음을 밝혔다.◆ 최근에는 스마트폰과 이동통신 서비스를 대상으로 고객만족도 및 브랜드 행복 지수에 대한 연구를 확장하였다.◆◆

　　그런데 이러한 결과에도 불구하고 사람들이 평가하고자 하는 전반적인 삶의 만족도에 대한 평가에는 시점 차이가 존재할 수 있다. 예를 들어 과거, 현재, 미래에 대한 시점은 개인에 따라 편차가 크다. 미래 5년 후 또는 30년 후 삶의 만족감을 판단하기에는 불확실성이 존재한다. 또 과거에 불행하거나 행복하다고 느꼈던 일이라도 현재나 미래에 그에 대한 평가가 달라질 수 있다. 마찬가지로 자신의 삶에 대한 중요한 타인의 견해도 시점에 따라 달라질 것이다. 지금 나에 대한 평가에 중요했던 사람이 먼 미래에도 동일한 영향력을 준다고 확신하기 어렵다. 이러한 내적, 상황적 요인과 함께 방법론적 측면에 따라서도 사람들(응답자)의 평가에 차이가 존재할 수 있다. 만족도 측정문항의 유형이나 배열순서, 또는 설문할 때의 분위기나 기분 등에 따라 결과가 달라질 수 있으므로 조사자는 이 점을 고려해야 한다.

◆　　류주연, 유창조 (2015). "브랜드 행복지수 개발에 관한 연구-자동차 브랜드를 중심으로". 〈소비자학연구〉, 26(6), 101-127.

◆◆　　유창조, 김성윤 (2017). "고객만족도, 브랜드 행복지수 및 재구매의도 관계에 대한 탐색적연구: 스마트폰과 이동통신 서비스 브랜드를 중심으로". 〈광고학연구〉, 28(3), 29-52.

3 리프의 심리적 안녕감

많은 사람들이 먹을 것이 부족하고, 집도 없고, 안전하지도 않은 주거환경에 거주하는 가난한 사람들은 행복감이 낮을 것이라고 믿는다. 삶의 질과 관련된 각종 인구통계학적 데이터 및 지표와 삶의 만족도와의 관계를 조사한 연구 결과, 최소한 단기적으로 가난한 사람들의 삶의 만족도가 낮은 것은 사실이다. 그렇다면 역으로, 일인당 평균소득이 높고 물질적인 혜택을 더 많이 영위하는 사람일수록 삶의 만족도와 행복감이 높을까? 흥미롭게도 정답은 '아니오'이다. 영국의 철학자이자 정치경제학자인 존 스튜어트 밀(John Stuart Mill)은 《공리주의론》에서 "배부른 돼지보다 배고픈 인간이 되는 것이 낫고 만족한 바보보다 불만족한 소크라테스가 되는 것이 더 낫다"고 했다. 현실에서는 배부른 돼지나 만족한 바보로 남기를 바라는 사람도 있으나, 배고픈 인간 나아가 불만족한 소크라테스가 되길 원하는 사람도 존재한다. 이는 인간이 물질뿐만 아니라 꿈과 이상을 자양분으로 삼아 성장하기 때문이다.

개인이 느끼는 행복감은 돈으로 구매할 수 없는 다양한 요인에 영향을 받는다. 실제로 건강에 별 문제가 없는데도 건강염려증(hypochondriasis)에 사로잡혀 불행해하는 사람들이 있는가 하면, 종교를 가지는 것보다 좋은 친구를 사귀는 것에서 심리적 안녕감을 더 느끼는 사람들이 있다. 또 매일 고된 장거리 출퇴근으로 가족과의 시간을 좀처럼 가지지 못하는 사람이지만 반대되는 경우의 사람보다 오히려 더 큰 행복감을 느끼며 살기도 한다. 행복해지기 위해서 건강을 관리하고 종교에 귀의하거나 가족의 관심과 지지를 필요로 하지만, 그 모든 것이 지나치면 모자란 것만 못하고 대상과 상황 등에 따라 다르게 체감된다. 이러한 사례들에서 보듯이 경제력이 행복의 유일무이한 결정요인은 아니며 개개인의 가치관에 따라 행복감은 달라질 수 있다.

미국 위스콘신대학교 매디슨캠퍼스의 심리학과 교수 캐롤 리프(Carol Ryff)는 행복을 자기실현적(self-actualization) 관점에서 연구하는 대표 학자이다. 리프는 이러한 관점에서 전통적 경제학자들이 주장한 부(wealth)의 상태에 따라 사람들이 반드시 행복하지는 않다고 설명하면서 '심리적 안녕감(Psychological Well-Being, PWB)'이라는 개념을 제시했다. 리프는 개인이 자신의 긍정적 성품과 잠재능력을 충분하게 발현하여 개인적, 사회적으로 가치 있는 삶을 추구해나가는 것을 행복한 삶으로 보았다. 앞의 예와 같이 자기실현적인 삶을 추구하는 사람들은 자기성장을 위해 힘쓰고 의미와 목적이 있는 삶을 살아간다는 점에서 미래지향적인 행복을 추구하는 것이다. 이상을 가지고 목적 있는 삶을 지향한다는 것은 현실은 비록 고단하고 험난할지라도 미래에 행복이 있다고 믿기 때문이다. 이런 점에서 리프의 행복관은 최종적인 상태가 아니라 진화하는 과정으로 볼 수 있고, 미래주의적·이상주의적 관점이며 의지의 산물로 보는 것이 타당하다.

리프는 인생 전반을 통해 단기적인 행복을 포기하더라도 장기적으로, 아리스토텔레스가 말한 의미 있는 '좋은 삶(eudaimonia)'을 추구하기 위한 6가지 요인을 주창하였다. 좋은 삶이란 순간적인 쾌락과 즐거움을 추구하는 것이 아니라 개인이 지닌 재능과 잠재력을 최대로 발휘하여 인생에 활용하는 것이라고 정의하면서 ① 자신을 알고 잘못을 인정하는 자아수용(self-acceptance), ② 개인을 둘러싼 세상과 삶을 관리하고 이용하는 환경통제력(environmental mastery), ③ 타인과의 긍정적 관계(positive relationships), ④ 일생을 통한 개인의 성장(personal growth), ⑤ 목적이 있는 삶(purpose in life), ⑥ 자주성(autonomy) 있는 삶이라는 6가지 요인이 갖추어질 때 심리적 안녕감이 증대된다고 하였다.

심리적 안녕감은 6가지 요인이 하나도 빠짐없이 조화롭게 충족된 상태를 말한다. 리프는 긍정적 성품과 잠재력을 충분히 발휘하여 자기실현적, 목적지향적, 미래지향적인 삶을 사는 것이 중요하다고 하였다.

　　리프의 심리적 안녕감은 다이너의 주관적 안녕감과 몇 가지 측면에서 비교된다. 리프는 삶의 만족감에 대한 인지적 평가와 단순히 긍정적 정서를 극대화하고 부정적 정서를 최소화하는 것이 행복을 구성하는 충분조건은 아니라고 보았다. 무엇보다도 리프는 행복감을 느끼려면 일상에서 경험하는 '자기 성장'과 '목적 있는 삶'이라는 조건이 충족되는 것이 중요하다고 보았다. 일상 속에 일희일비하기보다는 자신의 내적 성장을 위해 보다 큰 가치와 이상을 추구할 필요가 있다는 것이다. 또 이러한 내적 성장과 의미 부여는 단기적인 위기나 어려움을 극복하고 자아를 보호하고 승화시킬 수 있는 '심리적 회복탄력성(psychological resilience)'을 증가시킨다고 하였다. 이와 같은 관점에서 리프의 심리적 안녕감은 다이너의 주관적 안녕감과 비교해 보다 장기적이며 심층적인 행복요인을 규명한 것으로 보인다.

　　심리적 안녕감에 관한 국내 연구의 경우, 홍익대학교 광고홍보학부 최용주 교수와 동료들은 페이스북에서 인식된 사회자본이 심리적 안녕감에 미치는 영향에 대해 연구했다.[◆] 연구 결과 가족 등과 같이 유대 강도가 높은 결속형 사회자본(bonding social capital)은 심리적 안녕감에 정적인 영향을 주는 반면, 얕은 인간관계인 연계형 사회자본(bridging social capital)은 심리적 안녕감을 저하시키는 것으로 밝혀졌다. 특히 결속 강도가 높아질수록 페이스북에서 과시적 자기노출이 적을 경우 안녕감에 정적 영향을 주는 것을 확인했다. 이러한 결과는 온오프라인을 초월해 SNS에서도 단순한 양적 관계의 확장이 아니라 긍정적 관계와 정서적 지지를 통한 개인의 성장과 자율성이 중요하다는 점을 시사해준다.

유엔이 발표한 2018 세계행복보고서에 따르면 한국은 57위로 지난 5년간 행복지수 순위가 16계단 떨어졌다. 선진국 반열에 오른 국가 중 행복지수가 두 자리 순위로 급감하는 경우는 이례적이다. 이 행복지수는 국내총생산(GDP), 기대수명, 사회적 지원, 선택의 자유, 부패에 대한 인식, 관용 문화 등을 고려해 산출한 것이다. 한편, 또 다른 조사에 따르면 세계에서 행복지수가 가장 높은 나라는 국민소득이 우리나라의 10분의 1 수준인 부탄이라고 한다. 물론 이러한 결과를 비교할 때 단순히 GDP를 기준지표로 삼는 데 대한 논란은 있을 수 있을 것이다. 그러나 물질적·경제적 풍요와 외형적 성장의 이면을 살펴보고 우리들 각자가 자신의 삶을 어떻게 받아들이고 의미를 부여하는 삶을 살고 있는지 고민해볼 필요는 있을 것이다.

◆ 유성신, 이진균, 최용주 (2017). "페이스북에서 인식된 사회자본이 심리적 안녕감에 미치는 영향: 과시적 자기노출에 의한 자아존중감의 매개된 조절효과를 중심으로". 〈한국심리학회지: 소비자·광고〉, 18(2), 117-150.

미국 펜실베이니아대학교의 심리학과 교수인 마틴 셀리그만(Martin Seligman)은 또 다른 자기실현적 입장의 긍정심리학자다. 긍정심리학이라는 용어는 에이브러햄 매슬로우(Abraham Maslow)에 의해 만들어졌지만 긍정심리학에 대한 그의 학문적 접근은 다소 직관적이었고 경험적으로도 입증되지 않았다. 그럼에도 인본 심리학자인 매슬로우는 신경증(neuroses)이나 병리학(pathologies)이 아니라 인간의 장점과 잠재력에 대해 많은 관심을 보였으며 이러한 관점에서 긍정심리학의 시발점을 제공했다고 볼 수 있다. 이후 긍정심리학의 2세대 연구자인 셀리그만, 다이너, 그리고 플로우(flow) 개념을 제안한 미하이 칙센트미하이(Mihaly Csikszentmihalyi)는 긍정 정서가 건강, 성과(performance), 전반적인 삶의 만족도에 미치는 영향에 대해 과학적 연구를 진행하였다.

흥미롭게도 셀리그만은 1967년 펜실베이니아대학교에서 학습된 무기력(learned helplessness)에 관한 실험을 하면서 인간의 잠재력(human potential)에 대해 관심을 갖게 되었다고 한다.◆ 당시 그는 다양한 실험 조건에서 개에게 전기충격을 주었다. 실험 결과 몸이 묶이지 않은 집단 1의 개들은 전기충격을 피하기 위한 행동을 보였으나, 몸을 묶어두어 전기충격을 회피하기 힘든 조건에 있던 집단 2의 개들은 전기충격에도 회피행동을 보이지 않고 상황에 그대로 순응하는 학습된 무기력을 획득하였다. 셀리그만은 이러한 일련의 실험 과정을 통해 동물의 행동을 우울증이 있는 인간의 학습된 무기력함에 대한 연구로 확장하였

◆ 이 내용은 셀리그만의 저서 《진정한 행복(Authentic Happiness)》(2002)에 서술되어 있다. 이 책은 《마틴 셀리그만의 긍정심리학》이라는 제목으로 국내에 번역되었다.

전기충격

전기충격 없음

개를 대상으로 한 전기충격 실험. 몸이 묶여 있어 전기충격을 피하지 못한 집단의 개들은 다시 전기충격을 받아도 회피행동을 보이지 않아 학습된 무기력을 습득하였다.

으며 인간의 잠재력에 대해 관심을 갖게 되었다.

이후 셀리그만은 1998년 미국심리학회(American Psychology Association, APA) 회장으로 취임 당시 "내가 배운 가장 중요하고 보편적인 것이 심리학의 절반을 달성했는데 이는 정신질환에 관한 연구이다. 그러나 나머지 미달성된 절반은 우리가 잘할 수 있는 부분인 인간의 장점에 관한 연구이다"라고 하였다. 이 연설에서 알 수 있듯이 셀리그만은 심리학의 또 다른 분야인 긍정심리학의 서막을 열었다고 할 수 있다. 그는 2002년 자신의 저서 《진정한 행복(Authentic Happiness)》에서 행복은 3개의 매우 구체적인 측면인 즐거운 삶(the pleasant life), 좋은 삶(the good life), 의미 있는 삶(the meaningful life)을 실행함으로써 달성될 수 있다고 서술했다. 3가지 삶의 측면은 모두 긍정 정서와 관련되지만 즐거운 삶, 좋은 삶, 의미 있는 삶으로 순차적으로 발전되는데, 여기서는 먼저 각각의 삶이 구체적으로 의미하는 바를 살펴보자.

첫째, 즐거운 삶이란 즐거움(pleasure)이나 충족감(gratification) 등 긍정적인 감정을 격려하고 오래 지속하게 만드는 것이다. 이는 가급적 인생의 긍정 정서 또는 즐거운 감정(positive emotion)을 극대화시키는 것이다. 예를 들어, 맛난 음식을 먹고 좋아하는 영화를 보거나 파티에 참여해 즐거운 경험을 할 수 있다. 긍정 정서는 우리의 사고체계를 더욱 유연하고, 창의적이고, 생산적으로 만들어준다. 또한 추후 미래에 가용할 수 있는 심리적, 지적, 사회적, 육체적 자원(resources)을 비축할 수 있게 해주고 이를 통해 부정 정서의 효과를 감소·상쇄시키는 역할을 한다. 구체적으로, 긍정 정서는 심리적 측면에서 낙관주의와 정체성을 강화시키며 지적 측면에서 문제해결능력과 지식습득능력을 향상시킨다. 또한 사회적 측면에서 새로운 인간관계를 형성·강화시켜주며, 육체적으로 협응능력과 근력 및 심폐 능력을 키워주는 여러 순기능이 있다. 즉 긍정 정서는 우리의 마음(정신)이 직면한 난관에서 쉽게 회복될 수 있도록 심리적 복원력을 제공해주는 마음의 리셋버튼과 같다.

둘째, 좋은 삶이란 즐거운 삶이 승화되어야 할 단계다. 긍정 정서 자체에 대한 탐닉 행위는 즉각적인 만족감을 주지만 그 효과는 그리 오래 지속되지 않는다. 일순간 행복감을 느끼지만 반복된 경험 속에 한계효용의 체감법칙에 따라 그 즐거움이 사라진다는 특징이 있다. 대조적으로 부정편향(negative bias) 사고에 따라 부정 정서는 긍정 정서에 비해 상대적으로 오래 지속되고 영향력이 크게 느껴진다. 이러한 현상은 행동경제학자이자 심리학자인 대니얼 카너먼(Daniel Kahneman)과 심리학자 아모스 트버스키(Amos Tversky)가 개발한 전망이론(prospect theory)의 손실회피편향(loss aversion bias)으로도 설명할 수 있다. 사람들을 똑같은 단위의 이익(gain)과 손실(loss)이더라도 이익을 보았을 때보다 손실을 보았을 때 지각된 강도를 2-2.5배 크게 느낀다고 한다. 다음 그림을 보면 준거점(reference point)을 기준으로 좌우로 단위 변화당 이익일 때보다 손실

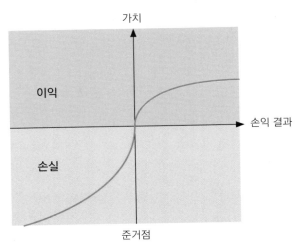

가치

이익

손익 결과

손실

준거점

전망 이론을 나타낸 그래프. 사람들은 단위 변화당 이익보다 손실 가치를 2-2.5배 더 크게 느껴 손실회피경향이 있음을 알 수 있다.

일 때 지각된 가치(value)가 더 크게 감소함을 알 수 있다. 왜 광고에서 "이번 기회를 놓치면 더 이상 이 물건을 구매할 수 없습니다!"라는 카피를 쓰는지 이해할 수 있는 대목이다. 마찬가지로, 부정편향은 자동차의 신호등에 비유할 수 있는데 진행을 의미하는 청색은 항상 짧게 느껴지는 반면 멈춤을 의미하는 적색은 상대적으로 더 길게 느껴지는 것과 같다. 적색에 차량이 움직인다면 사고가 나듯이 부정 정서는 진화론적 관점에서 볼 때 인류가 생존하기 위한 행동 전략이나 기준을 제시해주는 역할도 한다.

셀리그만은 사람들이 과거를 긍정적으로 생각하고 미래에 희망을 가지고 낙관*함으로써 현재에 더 큰 행복감을 가질 수 있다고 하였다. 그리고 과거를 긍정적으로 보기 위해서는 구체적으로 감사(gratitude)와 용서(forgiveness)가 필요하다고 하였다. 과거, 현재, 그리고 미래에 대해 가질 수 있는 긍정 정서는 다음 페이지의 표와 같다. 한편 셀리그만은 미국 사회에서 돌이킬 수 없는 후회와 잘못된 선택으로 인한 분노가 엄습할 때 이러한 감정들을 남에게 솔직히 표현하는 것이 당연시된다고 하면서 이러한 직접적인 감정 소통에 문제를 제기했다. 그는 과거의 불행과 용감히 맞서기 위해서는 당면한 난제를 조용하게 풀어나가는 '동아시아적 가치와 접근'이 필요하다며 이를 높이 평가했다. 부정적인 감정을 노골적으로 표현하기보다 완곡한 대응전략을 사용하여 삶의 스트레스를 해결하고 더 행복해질 수 있다는 것이다. 즉, 지난 과거에 대해 감사하고 용서하며 미래에 대한 희망과 낙관적인 자세를 취하는 것이 중요하다고 보았다. 아울러 긍정적 경험을 충분히 음미(savoring)하며 모든 주의를 현재의 순간에 집중하는 마음챙김(mindfulness)을 통해 즐거움을 극대화할 수 있다고 보았다.

국내 연구의 경우, 광운대학교 산업심리학과 이병관 교수와 한양대학교 광고홍보학과 문영숙 교수가 마음챙김이 자기자비(self-compassion)와 밀접한 관련이 있음을 밝혔다.** 구체적으로 마음챙김을 통해 분노 등 부정적 감정을 다

◆ 학습된 무기력과 대조적으로 노력을 통해 학습된 낙관주의(learned optimism)를 습득할 수 있다. 1990년 셀리그만의 저서《학습된 낙관주의》에 따르면 부정적인 사고에 대해 끊임없이 도전하여 즐거움과 같은 긍정 정서를 풍부하게 할 수 있다고 한다. 긍정주의자는 성취동기가 높으며 심신이 건강하다고 한다. 역설적이게도 낙관주의는 비관주의(pessimism)에서 출발하는데, 낙관주의자들은 실패를 경험하더라도 이를 개인적·내적 성향으로 귀인시키지 않고, 영속적이 아닌 일시적 패배나 정체로 간주하며, 모든 영역이 아닌 관련 영역에 한정짓는 경향이 높다. 반면에 비관주의자들은 실패를 개인적 성향으로, 영속적인 실패로, 그리고 인생 전반의 전 영역에 걸친 실패로 받아들이는 경향이 높다.

◆◆ 이병관, 문영숙 (2015). "기부 동기와 기부 의도에 영향을 미치는 심리적 요인: 기부와 자기자비의 관계성에 관한 탐색적 연구". 〈광고연구〉, 107, 126-158.

과거, 현재, 미래의 긍정 정서의 유형

과거	만족감(satisfaction), 자족감(contentment), 성취감(fulfillment), 자존감(pride), 평온함(serenity), 감사함(gratitude)
현재	기쁨(joy), 고요함(calm), 즐거움(pleasure), 풍미(zest), 황홀감(ecstasy), 천상의 기쁨(bliss), 호기심(curiosity), 영감(inspiration), 고양감(elation), 사랑(love)
미래	흥분감(excitement), 긍정주의(optimism), 희망(hope), 신념(faith), 신뢰(trust)

스리고 과거 실패와 고통은 누구에게나 공평하게 찾아올 수 있는 사건으로 인식해 스스로에게 친절과 자기자비를 베풀수록 행복과 삶의 만족감이 높아진다고 하였다. 다른 사람의 평가나 내면의 죄의식과는 무관하게 자기자비 성향이 높을수록 사회적 기부 등 이타적 동기와 더불어 행복감이 증진됨을 밝혔다. 이처럼 동아시아적 가치는 때로는 직접적이고 솔직한 감정의 표출보다는 감사와 용서를 통해 더 큰 현재의 행복을 느낄 수 있음을 보여준다. 미국 등 서양에서 동양문화나 불교 등 종교에 관심을 가지고 심리학에 접목하고자 하는 시도들이 있다. 대표적인 학자로 텍사스주립대학교(오스틴) 교육심리학과 교수인 크리스틴 네프(Kristin Neff)가 있는데, 필자도 박사 과정 중에 네프의 수업을 아주 유익하게 들었다. 그의 대표적인 연구주제는 불교심리학(Buddhist psychology)에 근간한 자기자비, 자기친절(self-kindness), 마음챙김 등이다.

사실 셀리그만이 주장한 동아시아적 가치와 접근 관련 동서양 소통의 차이는 커뮤니케이션 및 국제광고 분야의 주요한 논제였다. 네덜란드 비교문화 커뮤니케이션 컨설팅 기업(Cross Cultural Communication Company)의 대표이자 국제 커뮤니케이션 전략 컨설턴트인 마리케 드 무이(Marieke de Mooji)는 "글로벌한 제품은 존재하나 글로벌한 인간은 존재하지 않는다"라고 하면서 문화적 차이의 중요성을 설파했다. 또한 에드워드 홀(Edward T. Hall)의 콘텍스트 이론(context theory)은 커뮤니케이션을 2가지 유형으로 분류했다. 먼저, 저맥락 커뮤니케이션(low-context communication)은 방대한 정보가 직접적이고 명백하게 전달되어 코드(code)나 문맥(context)의 영향을 덜 받는다. 이런 점에서 셀리그만은 저맥락 커뮤니케이션 사회인 미국의 경우 직접적인 감정의 노출은 갈등과 불화를 초래한다고 보아 감사나 용서와는 어울리지 않는 것으로 판단했을 것이다. 반면 고맥락 커뮤니케이션(high-context communication)은 정보가 문맥이나 화자나 청자에 내면화되어 암묵적으로 전달된다는 점에서 상징적 형태의 소통이라고 할 수 있다. 한국, 중국, 일본 등이 고맥락 커뮤니케이션 문화권이라고 할 수 있다. 또한 독일의 사회심리학자인 거트 홉스테드(Geert Hofstede) 역시 1970년대 초 각국에 있는 IBM 직원들의 문화적 가치를 분석한 결과 다양한 차원에서 동서양의 문화적 차이가 존재함을 밝혔다.

셀리그만은 행복에 있어 인간 의지의 중요성을 간파했으며 행복은 목적이 아니라 과정임을 인식했다. 그는 태생적·유전적으로 긍정 DNA를 타고나 척박한 삶의 조건이나 환경을 긍정적으로 받아들이는 신기한 능력을 지닌 소수의 사람들이 존재함을 부정하지 않는다. 우리 주위를 돌아보면 매사에 긍정적이고 즐거운 마음으로 살아가는 사람들을 볼 수 있다. 아마도 이들은 유전적·선천적으로 그러한 기질을 타고났을 수도 있다. 그러나 셀리그만은 다수의 사람들이 이런 긍정 성향을 지니지는 않으며 그것은 의식적인 노력을 통해 성취할 수 있다고 말한다. 예를 들어, 세속을 떠나 종교에 귀의한 수녀들을 조사한 연구 결과 평생 동일한 라이프 스타일을 가지지만 일기장에 그날의 경험에 대해 긍정 정서를 더욱 적극적으로 기록한 수녀들이 그러지 않은 수녀들에 비해 더 장수하였다.◆ 또 다른 연구에서는 졸업앨범에서 진정한 뒤셴의 미소(Duchenne's smile)를 지은 여성들이 그러지 않은 이들에 비해 중년이 되었을 때 가족과 함께 더 풍부한 사회적 삶을 영위하는 것으로 밝혀졌다.◆◆ 흥미롭게도 최근에는 1952년 미국 메이저리그 베이스볼 등록선수 230명의 사진을 분석한 결과 긍정 정서를 표현한 뒤셴의 미소를 강하게 지을수록 정신적·육체적으로 건강하고 장수한다는 점을 밝혔다.◆◆◆ 사람들은 행복할 때 기쁨과 즐거움이 온다고 하지만 셀리그만은 역으로 긍정적 사고가 행복을 가져다줄 수 있다고 본 것이다.

　　이러한 연구 결과를 통해 우리는 행복은 주어진 것이 아니라 만들어가는

◆　데보라 대너(Deborah Danner)와 동료들은 미국 위스콘신 주 밀워키와 메릴랜드 주 볼티모어의 수녀 180명을 대상으로 1931년-1943년 사이 평균연령 22세에 작성한 자서전(autobiography)의 내용을 분석해 긍정 정서, 부정 정서, 중립 정서(neutral emotion)로 분류하였다. 그리고 약 58년이 지난 1991년 연구가 시작된 이후 9년간 사망률 추이를 분석했다. 생존 수녀들의 연령은 75세-95세였으며 76명(42%)이 사망하였다. 주요 연구 결과 자서전에 긍정 정서를 기록한 상위 사분위수(quartile) 랭킹이 증가할수록 사망률이 단계적 감소를 보였으며 결과적으로 2.5배 차이가 있음을 밝혔다. 요컨대 자서전에 긍정 정서가 많이 표현된 수녀가 약 60년 후 생존률과 연관성이 높음을 알 수 있다. 한편 본 연구의 제한점으로 자서전의 특성상 긍정 정서가 부정 정서에 비해 압도적으로 많이 표현되었는데, 그 이유로 수녀들은 자서전에 그들의 생활에 대한 '희망적 사고'를 반영하거나 또는 부정적 기억을 의도적으로 기록하지 않았음을 논문에 밝히고 있다.

◆◆　미국 캘리포니아 버클리대학교의 리앤 하커(LeeAnne Harker)와 대처 켈트너(Dacher Keltner)는 긍정적 표현이 성격, 인생 전반에 걸친 성과(outcome)에 미치는 영향을 조사하였다. 30년에 걸친 데이터를 분석한 결과 대학졸업앨범에 있는 여성들의 표정이 긍정 정서를 표현한 사람일수록 연대감(affiliation), 자신감(competence), 낮은 부정 정서와 상관관계가 높은 것으로 밝혀졌다. 또한 높은 긍정 정서의 표현은 30년 후 우호적인 결혼생활 및 개인의 심리적 안녕감을 밝히는 예측요인으로 밝혀졌다. 이 연구는 캘리포니아 버클리대학교의 밀종단연구(Mills longitudinal study)의 일환으로 밀스칼리지(Mills Collge)를 졸업한 여성들을 대상으로 리더십, 창의력, 성격 변화, 건강 등 다양한 분야에 걸쳐 50년 동안 연구가 진행되었으며 100편 이상의 연구논문이 출판되었다. 연구에 관한 보다 자세한 내용은 밀스랩 웹사이트(https://millslab.berkeley.edu/index.html)를 참조하기 바란다.

◆◆◆　Abel, E. L., & Kruger, M. L. (2010). Smile intensity in photographs predicts longevity. *Psychological Science*, 21(4), 542-544.

과정임을 알 수 있다. 행복의 절반은 부모로부터 유전적으로 물려받은 성격이나 기질에 따라 다를 수 있다. 그러나 건강, 수입, 지리적 위치와 같은 우리를 둘러싼 환경은 일정 부분 개인의 의지가 반영되어 형성된다. 무엇보다 세상을 바라보는 관점과 활동은 개인의 의지와 노력에 따라 자발적으로 통제할 수 있다. 즐거운 삶 자체가 행복을 증진하는 필요조건이지만 충분조건은 아니다. 순간적인 즐거움, 재미, 안락을 추구하는 표피적인 쾌락적 동기(hedonic motive) 등이 성취감, 의미, 관여와 같은 보다 근원적인 행복을 주는 동기(eudaimonic motives)로 발전·확장되어야 하는 이유가 여기에 있다. 좋은 삶은 즐거운 삶이 달성되었을 때 비로소 추구할 수 있다.

좋은 삶은 의지를 가지고 인생의 독특한 미덕(virtues)과 성격 강점(character strengths)을 발견하고 이를 창의적으로 활용해 일상 속에서 몰입을 경험하는 것이다. 좋은 삶은 개개인에게 내재된 독특한 성격 강점을 찾아내어 육성시키고 나아가 전 인류의 행복을 위해 기여할 수 있도록 하는 것이다. 셀리그만은 2004년 희망과 낙천주의 분야의 전문가인 미시간대학교 크리스토퍼 피터슨(Christopher Peterson) 박사와 함께 동서고금을 막론하고 철학 및 종교 관련 방대한 문헌을 조사하였다. 그들은 인간의 성격 강점이 행복의 지속성과 관련성이 높다고 보고 이에 대한 분류체계인 VIA 성격 강점 척도(Values in Action Inventory of Strengths, VIA-IS)를 만들었다. 또한 분류체계를 통해 개인이 느끼는 성격 강점의 효능감(efficacy)과 긍정심리학의 효과성을 측정하고자 하였다. 서로 다른 문화적 차이에도 불구하고 그들은 지혜(wisdom), 용기(courage), 인간성(humanity), 초월성(transcendence), 정의(justice), 절제(temperance)의 6가지 공통된 미덕이 있음을 발견하였다. 셀리그만은 인간의 성격 강점을 통해 이러한 6가지 미덕을 성취할 수 있다고 하였다. 특히 그는 성격 강점은 학습되고 부단한 노력을 통해 개발되는 반면, 재능(talent)은 개인에게 주어진 천부적 조건으로 노력을 통해 개발되는 것이기보다는 태생적으로 획득되고 발전되는 것으로 보았다. 예를 들어, 절대음감과 같은 음악적 재능은 태생적으로 획득되는 반면 참을성(patience)과 같은 강점은 노력을 통해 절제의 미덕으로 승화될 수 있다.

다음 표는 6가지 미덕과 이를 달성할 수 있는 24가지 성격 체계를 보여준다. 자신의 성격에 대한 강점과 미덕을 알고 싶다면 VIA 성격연구소(VIA Institute on Character)를 방문해 무료로 테스트를 받아볼 수 있다.

VIA-IS 분류 체계*

지혜(wisdom)	용기(courage)
호기심	용감함
학구열	인내
판단력	정직
창의성	열정
지혜로운 관점	
인간성(humanity)	초월성(transcendence)
사랑	미와 탁월함에 대한 감상력
친절	감사
사회지능	희망
	유머
	영성
정의(justice)	절제(temperance)
협동심	용서와 자비
공정성	겸손
리더십	신중성
	자기조절

좋은 삶을 정리하자면, 셀리그만은 과거를 긍정적으로 생각하고 미래를 낙관하며 6가지 미덕을 성취하기 위해서 개개인이 성격 강점을 개발하는 데 많은 관심과 노력을 기울여야 함을 강조했다. 예를 들어, 학습에 뛰어난 성격 강점(학구열)이 있다면 관심 주제나 새로운 기술을 습득하기 위해 완전히 몰입하는 삶을 경험할 수 있다. 이러한 성격 강점은 나아가 지혜와 지식의 미덕으로 연결된다. 이러한 성격 강점과 미덕은 우리의 일상 속에서 충분한 만족감과 진정한 행복감, 일과 관계 속의 충만함을 부여한다. 이 단계를 넘어가면 우리는 인생의 의미를 찾아가는 삶에 대한 목표를 가질 수 있게 된다.

셋째, 의미 있는 삶이란 자아보다 더 큰 목표를 향해 나아가는 것을 의미한다. 인생에서 행복을 찾고 유지시킬 수 있는 지름길은 없다. 일상 속의 즐거운 감정과 긍정 정서를 조화롭게 유지시킬 수 있을 때 우리는 행복감을 느끼고 지속시킬 수 있다. 자신이 지닌 성격 강점과 미덕을 활용해 삶의 의미를 찾으려는 노력을 게을리할 때 우리는 자칫 공허하며 세속적이고 진정성 없는 즐거움을 좇게 될 수 있다. 셀리그만은 특히 동료 학자인 미하이 칙센트미하이와 함께 창조적인 예술 활동이 사람들에게 인생의 의미를 부여할 수 있으며 이를 통해 더 큰 행복감을 느낄 수 있다고 보았다.

한 걸음 더 나아가 셀리그만은 타인을 위하는 이타주의(altruism)와 친절(kindness)의 필수적 요소인 몰입과 자아의식을 넘어서는 경험에 대해 설명하였다. 그는 친절은 완전한 관여(total engagement)와 의식의 상실(the loss of consciousness)이라고 하였다. 사람들은 의식적으로 자신의 즐거움과 기쁨을 위

◆ VIA-IS 분류 체계는 VIA 성격연구소 웹페이지에서 확인할 수 있다.
http://www.viacharacter.org/www/Character-Strengths

해 긍정 정서를 추구한다. 그러나 셀리그만은 자신의 성격 강점을 이용해 타인에게 봉사한다는 것은 충족감(gratification)을 제공한다고 보았다. 자신의 행복을 위한 욕구 충족이 아니라 봉사를 통해 타인의 행복 속에 자신의 행복을 찾는 것이 핵심이다. 이런 점에서 봉사는 이타주의와 친절의 결정체이며 행복으로 가는 지름길일 것이다. 예를 들어, 음악에 재능을 보인 한 자폐아의 소질을 발견한 피아노 선생님이 자신의 음악적 목표를 뒤로하고 그를 위해 무료 피아노 교실을 시작한 경우를 가정해보자. 레슨을 하면서 발전을 거듭하는 아이가 즐거워 어쩔 줄 몰라 하는 행복한 모습을 보면서 선생님 역시 아이의 행복이 자신의 행복임을 깨닫게 될 수 있다. 이처럼 자신의 성격 강점과 미덕을 통해 타인의 삶을 풍요롭게 만드는 것이 의미 있는 삶이라고 하겠다.

지금까지 셀리그만의 3가지 삶의 유형인 즐거운 삶, 좋은 삶, 의미 있는 삶에 대해 살펴보았다. 이제 셀리그만이 2011년 자신의 책《플로리시(Flourish)》에서 행복, 즉 잘 살고 있다는 주관적인 느낌을 주는 5가지 행복요인의 알파벳 첫 글자를 따 제시한 '페르마(PERMA)'에 대해 살펴보자. 페르마는 그의 기존 연구와 더불어 3가지 삶의 유형인 즐거운 삶, 좋은 삶, 의미 있는 삶을 달성하기 위해 이론적 체계화를 거쳐 제시한 핵심 요인이다. 셀리그만은 사람들이 도전에 직면했을 때 움츠러드는 이가 있는가 하면 그것을 극복하는 사람도 있다는 점에 주목했다. 그 차이가 어디에서 비롯되는지, 사람들을 다시 우뚝 설 수 있게 하는 복원력과 안녕감이 어디에서 나오는지 관심을 가졌다. 셀리그만은 어떤 새로운 개념의 행복에 대해 제시하기보다는 행복을 구성하는 요인에 대해 연구하였다. 그가 제시한 5가지 요인은 ①즐거운 감정(Positive emotions), ②관여(Engagement), ③긍정적 관계(Relationships), ④의미(Meaning), ⑤성취감(Achievement)이다. 여기에 이 5가지 모두의 기반이 되는 성격 강점을 여섯 번째 요인으로 넣기도 하나 여기서는 기본적인 5가지 요인에 대해 먼저 살펴보고자 한다.

- 즐거운 감정은 주관적으로 느껴지는 정신적인 상태로 우리가 느끼는 기쁨, 희열, 따뜻함, 자신감, 낙천성 등과 같은 정서를 의미한다. 지속적으로 이러한 정서들을 느낄 때 우리는 행복감을 느낀다. 즐거운 감정은 다이너의 긍정적 정서와 동일하다고 볼 수 있다.

- 관여는 무언가 집중할 때 시간의 흐름을 느낄 수 없는 것과 같이 느껴지는 몰입(flow)의 경험이다. 천진난만하게 친구와 뛰놀고 있는 어린아이를 생각해보자. 시간 가는 줄 모르고 저녁이 다 되어 집으로 들어오는 경우가 허다하다. 악기를 다루는 등 특정한 활동이나 업무에 집중하고 깊이 빠져들어 시간이 흐르는 것을 의식하지 못하는 경우가 있다. 관여는 무엇인가 내적 또는 외적으로 주위에 방해 없이 원하는 행위를 할 수 있다는 것이다.

- 관계는 주변의 친구, 가족, 사회적 관계 등의 친밀함의 정도로 자신의 즐거운 감정을 누군가와 공유하는 것을 말한다. 이는 리프가 말한 긍정적 관계와 동일하다. '기쁨은 나누면 배가 되고 슬픔은 나누면 반이 된다'라는 말처럼 타인과 함께 하는 삶이 필요하다.

- 의미는 개인의 이익이나 쾌락을 넘어 대의명분을 추구하는 것을 말한다. 이는 리프가 말한 목적이 있는 삶과 동일하다. 삶의 지향점을 가지고 의미를 부여할 때 스스로를 인정하는 더욱 포용적인 자아를 갖게 된다.

- 성취감은 단순히 경쟁에서 이기거나 경제적인 부를 축적하기 위한 것이 아니라 성공, 성취, 정복 등 그 자체가 좋아서 추구하는 것을 말한다. 건강을 위해 행하는 골프나 테니스부터 업무와 관련된 성과, 또는 (타인은 가치 없게 볼 수도 있지만) 자신만이 설정한 소소한 목표에 도전하고 성취하는 것은 중요한 내적 동기부여가 된다.

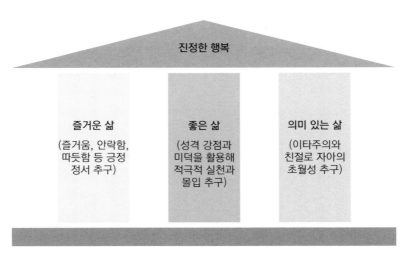

셀리그만은 우리의 삶이 즐거운 삶, 좋은 삶, 의미 있는 삶으로 나아갈 때 진정한 행복을 느끼고 누릴 수 있다고 보았다. 여러분은 현재 3가지 삶의 유형 중 어떤 단계에 있는가?

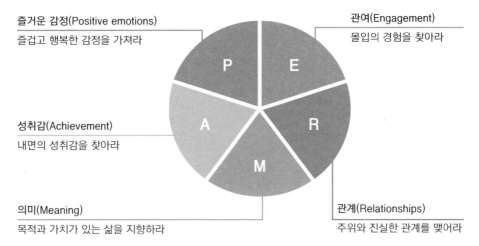

셀리그만은 5가지 행복요인, 곧 페르마가 사람들의 마음속에서 충족될 때 행복감을 느낄 수 있다고 보았다. 5가지 행복요인을 충족하여 즐거운 삶, 좋은 삶, 의미 있는 삶을 달성할 수 있으며 이는 진정한 행복으로 이어진다.

5 소비자 행복을 위한 SNS 마케팅

지금까지 다이너, 리프, 그리고 셀리그만의 행복에 대한 논의점을 살펴보았다. 필자는 그중 셀리그만의 5가지 행복요인 '페르마'를 토대로 소비자 행복을 위한 SNS 마케팅을 제시하고자 한다. SNS 마케팅을 통해 이 5가지 요인이 소비자에게 전달되고 충족될 수 있다면 소비자는 진정한 행복감을 느낄 것이다. 그런데 이 5가지 요인들은 소비자에게 개별적으로 전달되는 것이 아니라 정도의 차이는 있으나 동시적으로 전달되어야 한다. 이렇게 전달된 5가지 요인의 산출물이 소비자가 느끼는 진정한 기쁨(gratification)과 감사(gratitude)로 귀결된다고 하겠다.

소비자는 제품이나 서비스를 구입하고 사용하는 과정을 통해 즐거운 감정을 느끼고, 몰입을 경험하고, 긍정적 관계를 돈독히 하고, 인생의 의미를 부여하고 성취감을 느낄 수 있을 때 진정한 기쁨과 감사함을 가지게 된다. 셀리그만이 주장하는 진정한 행복감은 여러 국내외 관련 연구에도 많은 영향을 미쳤다. 대표적으로 컬럼비아대학교 번 슈미트(Bernd Schmitt) 교수는 긍정심리학에서 영감을 받아 2012년 출간한 《어디에나 있는 행복한 소비자들(Happy Customer Everywhere)》에서 소비자 행복 마케팅의 3대 요소를 기쁨, 의미, 관여라고 하였다. 그가 말하는 기쁨은 결국 만족감을 넘어서는 즐거움이고, 의미는 명분이 있는 소비와 경험을 뜻한다. 즉 윤리적 소비, 착한 소비 활동 등을 통해 자연, 동물, 환경, 인류에 기여하고 공헌할 수 있는 가치를 지향하는 기업과 브랜드에 소비자는 더 관심과 애착을 갖기 마련이다. 그리고 관여는 소비자의 주체적이고 적극적인 참여와 피드백을 의미한다.

얼마 전 모 일간지 기자가 쓴 동남아 패키지 여행 경험에 관한 글을 읽었다. 글에는 꼭 봐야 할 명소는 옵션으로 넣어 고객이 비용을 추가 지불하게 하고,

잠시 들리면 될 곳은 특전코스인 양 생색을 내는 여행사의 그릇된 관행에 대한 내용이 실려 있었다. 이러한 경험은 소중한 추억을 원하는 여행자들에게 부정적 감정을 심어주고 여행의 의미와 성취감을 퇴색시킬 것이다. 만약 여러분이 여행자라면 이 같은 여행에서 진정한 기쁨을 느끼고 여행사에 좋은 이미지를 가지게 될까? 입장을 바꿔 여러분이 여행사의 마케터라면 소비자의 진정한 행복을 위해 5가지 행복요인인 페르마를 어떻게 정의하고 실행하는 것이 좋을지 한번 고민해보길 바란다.

마케팅은 소비자의 문제를 해결해주는 것으로부터 시작해야 한다. 소비자가 어떤 고통을 겪고 있고 어떤 고민과 문제가 있는지 그들의 삶을 이해하려고 노력해야 한다. 제품이나 서비스를 통해 소비자의 미충족된 욕구를 채워주고 불확실한 미래의 문제들을 해결해줄 수 있다면 소비자의 행복감은 증대될 것이다. 그리고 소비자가 느끼는 행복감은 진정한 충족감과 기업과 브랜드에 대한 감사의 마음으로 이어질 것이다. 기업과 브랜드가 소비자에 대해 애정과 관심을 가지고 한 사람 한 사람으로서 존중하고 배려해야 하는 이유가 바로 여기에 있다. 기업과 브랜드는 제품과 서비스 판매라는 1차적인 경제적 이윤 추구를 넘어 소비자가 진정한 충족감과 감사함을 느낄 수 있도록 해야 할 의무가 있다.

다음 그림은 소비자의 심리적 행복감을 증진시키는 단계를 나타낸 피라미드 모형이다. 이번 장에서 살펴본 셀리그만의 5가지 행복요인은 이 책이 제안하는 페르마를 토대로 한 SNS 마케팅 전략의 핵심이다. 이를 기반으로 기업과 브랜드는 8가지 SNS 전술을 통해 소비자의 적극적 참여와 관심을 유도한 후 즐거운 감정을 제공한다. 그리고 소비자들이 브랜드와 관련된 다양한 행위에 관여하거나 몰입할 수 있도록 유도한다. 또한 소비자들이 브랜드를 매개로 주위 사람들과 관계를 확장시키고 가치 있는 일에 의미를 부여하며 성취감을 느낄 수 있도록 한다. 이는 자연스럽게 소비자 만족감과 행복감으로 나타나며 궁극적으로 호의적인 브랜드 태도와 구매의도로 연결될 것이다.

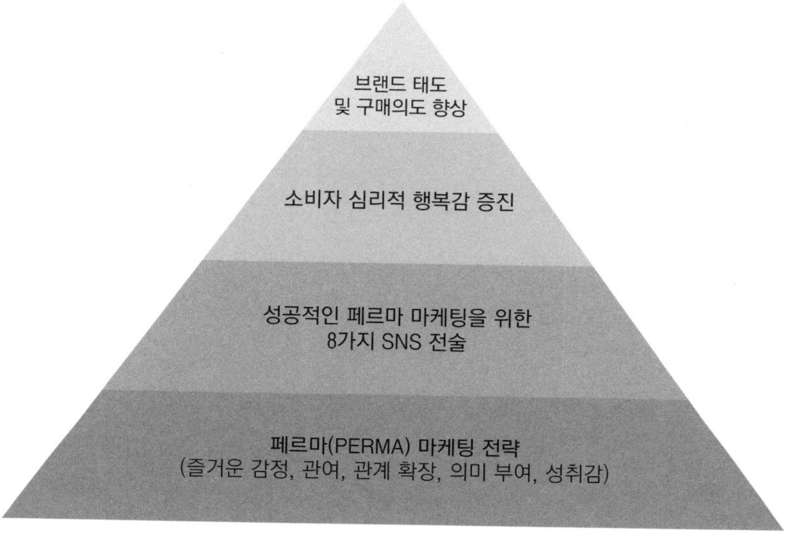

브랜드 태도
및 구매의도 향상

소비자 심리적 행복감 증진

성공적인 페르마 마케팅을 위한
8가지 SNS 전술

페르마(PERMA) 마케팅 전략
(즐거운 감정, 관여, 관계 확장, 의미 부여, 성취감)

소비자의 심리적 행복감을 증진시키는 단계를 나타낸 피라미드 모형. 진정한 행복을 달성하기 위한 5가지 행복요인을 중심으로 페르마 마케팅 전략 수립 후 구체적인 8가지 SNS 마케팅 전술을 제시한다. 이는 소비자 행복감으로 승화되어 우호적인 브랜드 태도를 형성하고 구매의도를 향상시킬 것이다.

　　다음 장에서는 소비자 행복을 위한 셀리그만의 5가지 행복요인이 구체적으로 어떻게 페르마 마케팅 전략으로 응용될 수 있는지 마케팅 커뮤니케이션 관점에서 논의해보고자 한다.

Q
_____

소비자에게 진정한 행복감을 제공하기 위해 기업은 어떻게 5가지 행복요인인 '페르마 (PERMA)' 마케팅을 기획하고 실행해야 할까? 페르마 마케팅 전략에 따라 기업의 마케팅 활동은 충성 소비자에게 즐거운 감정을 느끼게 하고 적극적인 관여를 이끌어내야 한다. 또 이들과 긍정적 관계를 형성해야 한다. 나아가 다른 브랜드와 차별화되는 상징적 의미를 소비하게 하고 소비자의 미충족된 물질적, 심리적, 사회적 욕구를 충족시켜 성취감을 느끼게 해야 할 것이다. 덧붙이면, 이러한 5가지 행복요인은 마케팅 커뮤니케이션 차원의 메시지 전략에서 그칠 것이 아니라 서비스나 제품 사용에 기초한 물질적, 심리적, 사회적, 경험적 혜택 등과 함께 적용되어야 한다. 이번 장에서는 페르마를 기반으로 한 5가지 마케팅 전략을 도출하고 이들 요인과 관련된 성공적인 마케팅 사례들을 살펴보자.

chapter 05

소비자의
심리적 행복을 위한
페르마 마케팅 전략

앞 장에서 심리적 행복감의 다양한 정의와 유형에 대해 살펴보았다. 특히, 셀리그만이 제시한 5가지 행복요인은 페르마 마케팅 전략의 중요한 지침이다. 그렇다면 소비자에게 진정한 행복감을 제공하기 위해 기업은 어떻게 5가지 행복요인인 '페르마(PERMA)' 마케팅을 기획하고 실행해야 할까?

페르마 마케팅 전략에 따라 기업의 마케팅 활동은 충성 소비자에게 즐거운 감정을 느끼게 하고 그들의 적극적인 관여를 이끌어내야 한다. 또 소비자들과 긍정적 관계를 형성해야 한다. 나아가 다른 브랜드와 차별화되는 상징적 의미를 소비하게 하고 소비자의 미충족된 물질적, 심리적, 사회적 욕구를 충족시켜 성취감을 느끼게 해야 할 것이다. 덧붙이면, 이러한 5가지 행복요인은 마케팅 커뮤니케이션 차원의 메시지 전략에서 그칠 것이 아니라 서비스나 제품 사용에 기초한 물질적, 심리적, 사회적, 경험적 혜택 등과 함께 적용되어야 한다. 그럴 때 소비자는 진정한 행복감을 느낄 수 있을 것이다.

페르마 마케팅은 미시적, 거시적 2가지 차원에서 동시에 논의해야 한다. 첫 번째, 브랜드와 소비자 간 관계이다. 기업이 제공하는 브랜드는 도구적 수단으로 소비자의 행복을 증진하는 데 충실해야 한다. 두 번째, 소비자와 소비자 간 관계이다. 기업과 브랜드는 궁극적으로 제품이나 서비스를 매개로 소비자 간 관계를 촉진하여 행복을 추구하는 보다 본질적인 역할을 수행해야 한다. 예를 들어, A라는 운동화 브랜드는 기능적, 상징적, 사회적 가치에 충실해 소비자에게 행복감을 제공할 수 있다. 또한 A 운동화 브랜드를 사용함으로써 소비자와 인적 네트워크 간의 관계 개발 및 발전에 도움을 주고 대인 관계 속에서 소비자 행복감을 제공할 수도 있다. 이 부분은 본론의 '관계'에서 보다 자세히 논의하기로 한다. 이번 장에서는 페르마를 기반으로 한 5가지 마케팅 전략을 도출하고 이들 요인과 관련된 성공적인 마케팅 사례들을 살펴보자.

즐거운 감정(positive emotions)은 주관적으로 느껴지는 정신적 상태로 우리가 행복감을 느끼기 위해 필요한 가장 명백하고 중요한 요인이다. 사람들은 때로는 한정된 정신적 에너지를 비생산적인 정신활동에 소모한다. 좌절하거나 실패한 일, 돌이키고 싶지 않은 지난 추억들을 생활 속에서 곱씹고 그때 경험했던 부정적 연상들을 반복적으로 회상하곤 한다. 그런데 이러한 부정적 감정에 반복적으로 노출되는 것은 당연히 정신건강에 해롭다. 과오로부터 교훈을 얻고 그것을 바탕으로 정신적 에너지를 미래지향적이고 건설적인 생산 활동에 투입하는 것이 바람직하다. 마찬가지로, 소비자는 브랜드와 관련된 다양한 긍정적 또는 부정적 감정을 경험하게 된다. 예를 들어, 최신 스마트폰이나 태블릿을 구매한 후 기대에 미치지 못해 느끼는 불만족감과 후회는 부정적 감정으로 이어지기 마련이다.

다이아몬드 브랜드 드비어스(De Beers)는 광고를 통해 소비자에게 즐거운 감정을 불어넣고 이를 확고한 브랜드 이미지로 연결시킨 대표적인 경우로 볼 수 있다. 1948년 대공황으로 경제난에 허덕이던 드비어스는 필라델피아 소재 광고 회사인 N.W. Ayer와 함께 약혼식에서 반지를 선물하게 하는 '다이아몬드는 영원하다(A Diamond is forever)'라는 캠페인을 시작하였다.◆ 결혼식이라는 사회적 관습에 영원한 사랑의 징표인 반지라는 상징적 의미를 연결시킨 이 캠페인은 1999년 미국 애드에이지(Adage)가 세기의 슬로건(the slogan of the century)으로

◆ 이 슬로건을 만든 프랜시스 제래티(Frances Gerety)는 1943부터 1970년까지 N.W. Ayer에서 일하는 동안 오직 하나의 클라이언트 드비어스를 위해 헌신했다.

드비어스 다이아몬드 광고- 로맨틱 커플(1978). 드비어스의 '다이아몬드는 영원하다' 캠페인은 다이아몬드를 영원히 불멸하는 사랑의 상징으로 승화시켰다. 현재 이 캠페인은 뉴욕대학교, 펜실베이니아대학교 경영대에서 메시지의 혁신적 효과와 식지 않는 인기에 대한 케이스 스터디 연구주제로 활용되고 있다.

선정하는 등 대성공을 거두었으며, 70년이 지난 오늘까지도 여전히 슬로건으로 사용되고 있다.

필자는 초등학교 입학 전에 아버지와 대중목욕탕에서 목욕을 하고 집으로 돌아오던 어느 추운 겨울의 오후를 잊지 못한다. 지금은 판매가 되지 않는 1리터 유리병에 든 코카콜라를 들고 좁은 골목길을 지나오던 그 순간이 너무나 즐겁고 행복하게 느껴졌다. 어린아이가 들기에는 꽤 무거운 유리병을 들고 오면서, 게다가 눈까지 내리는 날이었는데 필자는 왜 그렇게 행복해했을까. 인간의 장기기억체계는 '선언적 기억(declarative memory)' 또는 '명시적 기억(explicit memory)'과 '비선언적 기억(non-declarative memory)' 또는 '비명시적 기억(implicit memory)'으로 구분된다. 명시적 기억은 다시 '의미적 기억(semantic

'난 느껴요, 코카콜라' 광고캠페인 한국(위)과 일본(아래) 버전. 1980년대 후반 한국과 일본 경제 활황기 정점을 구가하는 시대적, 사회적 상황을 반영하듯 진정한 즐거움과 행복감을 미소로 보여주고 있다.

memory)'과 '일화적 기억(episodic memory)'으로 나뉘는데 브랜드와 관련해서 소비자가 경험한 다양한 일화나 이벤트가 일화적 기억에 해당한다. 필자가 개인 적으로 가지고 있는 코카콜라에 대한 따뜻함과 즐거운 감정 역시 일화적 기억 으로, 긍정적 연상과 함께 장기기억 속에 저장되어 코카콜라 광고를 볼 때마다 연상되곤 한다.

실제로 1980년대 코카콜라 광고의 콘셉트는 '즐거움', '따뜻함', '행복'이라 는 단어로 대표된다. 그 당시 코카콜라의 광고를 살펴보면 '난 느껴요, 코카콜라 (I feel Coke)' 광고캠페인에 등장한 CF모델 심혜진은 가지런한 치아를 드러내며 활짝 웃고 있다. 당시 그녀는 보수적인 한국 사회에 다소 파격적이고 도회적인 신세대 여성의 이미지, 밝고 활기찬 이미지로 어필했다. 일본 버전에서도 당시 경제 호황기를 누리던 시대를 오롯이 반영하듯 모델 마츠모토 타카미의 즐거움과 행복함이 가득한 미소를 볼 수 있다. 두 광고는 구성과 마지막 클로즈업 사진 등이 매우 비슷해서 한국 버전이 일본 버전을 카피했다는 설이 있기도 한데, 이는 당시 코카콜라의 글로벌 캠페인의 일환으로 보는 것이 타당하다. 1980년대 후반 광고이지만 한국 버전이나 일본 버전 모두 오늘날의 광고에 비해 뒤처지지 않는 세련미와 영상미를 보여준다.

브랜드는 소비자에게 미래에 대한 낙관과 긍정적 감정을 심어주어야 한다. 수많은 광고캠페인에 브랜드 로고와 함께 활짝 미소 짓고 있는 멋진 모델이 등장하는 이유가 바로 여기에 있다. 그런데 이때 즐거운 감정을 구성하는 요인으로 쾌락(pleasure)과 기쁨(enjoyment)을 구별해볼 필요가 있다. '쾌락'이란 미충족된 갈증이나 배고픔 등의 즉각적이고 단기적, 육체적인 필요가 만족됨을 의미한다. 한편 '기쁨'은 보다 고차원적인 수준에서 지적인 자극이나 창의력과 관련된다. 예를 들면, 학창시절 어려운 수학 문제를 풀기 위해 몇 날 며칠을 고생하다가 어느 순간 해법이 떠올랐을 때 느꼈던 기쁨과 희열 같은 것이다. 브랜드가 주는 즐거움은 당연히 의식주를 포함한 인간의 기본적인 욕구의 만족을 포함한다. 그러나 더 나아가 보다 고차원적이고 영속적인 수준의 지적, 심미적, 창의적, 정신적 욕망까지도 충족시켜줄 수 있어야 한다. 요컨대 제품의 기능적 가치와 심미적, 상징적 가치는 함께 제공될 수 있다는 점에서 쾌락과 기쁨을 반드시 상호배타적인 관계로 볼 필요는 없다. 이는 실용재나 사치재 등 제품군에 따라, 또는 브랜드 포지셔닝에 따라 차이가 있기 마련이다.

즐거운 감정이란 지난 과거와 현재를 긍정적인 관점에서 바라볼 수 있는 능력이나 용기이다. 소비자는 과거의 슬픔이나 우울감을 긍정적이고 발전적인 관점에서 풀어내고 이를 건설적인 미래 창조의 에너지로 승화시킬 필요가 있다. 삶은 반전의 연속이며 많은 기복이 있고 소비자는 일생을 통해 슬픔과 기쁨의 다양한 감정을 경험하게 된다. 브랜드는 먼저 자신의 정체성과 본질을 파악하고 어떻게 소비자들에게 즐거운 감정을 제공할 수 있을지 고민해야 할 것이다. 브랜드가 소비자에게 즐거운 감정을 제공하면 소비자 역시 브랜드에 대해 정서적 유대감을 형성해 우호적·긍정적 감정을 지니게 되며, 이는 브랜드 애착(brand attachment), 브랜드 사랑(brand love), 또는 브랜드 충성도(brand loyalty)로 귀결된다.

2 소비자를 브랜드에 '관여'시켜라

관여(engagement)는 소비자의 몰입된 정신 상태를 의미한다. 이러한 상태는 특정 행위를 수반할 수도 있고 그러지 않을 수도 있다. 모든 소비자는 서로 다르고 각자 관심 있는 행위에 몰입하여 흥미와 즐거움, 의미를 찾는다. 예를 들면, 어떤 사람은 술에, 어떤 사람은 오락에, 어떤 사람은 운동에 빠진다. 또 어떤 사람은 일중독이 되기도 한다. 인간은 일생 동안 의미를 찾아가는 여정에 있으며 특정한 행위에 깊게 몰입함으로써 스스로 배우고, 성장하며, 개인적인 행복감을 느낀다. 아마 어릴 때 시간 가는 줄 모르고, 배고픈 줄도 모르고 친구와 밤늦게까지 놀다가 부모님께 꾸중을 들은 경험이 있을 것이다. 소비자는 현재 이 순간에 온전히 몰입할 수 있는 대상이나 행위가 필요하다. 몰입을 경험할 수 있는 대상이나 행위에 개인의 지식, 기술, 감성적 능력이 확장되어 이용될 때 소비자는 발전되고 성숙한 자신의 모습에 행복감을 느끼게 된다.

소비자의 브랜드 관여는 크게 '행위적 맥락'과 '상징적 맥락'의 두 가지 차원에서 조망해볼 수 있다. 먼저 행위적 맥락에서 브랜드는 소비자의 직접적인 관여와 쟁취의 대상이다. 미국 스트리트 패션 브랜드 슈프림(Supreme)은 확고한 브랜드 정체성으로 마니아 소비자들을 보유한 브랜드이다. 1990년대 비주류문화이던 미국 스트리트 컬처를 기반으로 하여 스케이트보더들이나 힙합 아티스트들 사이에서 인기를 끌다가 현재는 많은 소비자들이 소장하고 싶어 하는 브랜드가 되었다. 이러한 슈프림의 성장에는 브랜드 가치를 높이는 미니멀리즘(minimalism)과 희소성 마케팅(scarcity marketing) 전략이 유효하게 작용하였다. 슈프림의 제품에는 주류문화에 반하는 저항의 의미를 담은 박스 로고가 붙으며 모든 제품을 소량 생산해 한정 판매한다. 전 세계적으로 큰 인기가 있음에도 매장은 미국, 영국, 프랑스, 일본 4개국에 11개 지점만을 운영하고 있다(2019년 8월 기준). 소비자들은 슈프림의 신제품이 출시되는 드롭 데이를 손꼽아 기다리고 그날이면 매장으로 몰려든다. 긴 기다림 끝에 매장에 들어가도 제품을 손에 넣기는 힘들다. 인기 제품은 단 몇 초, 몇 분 만에 다 팔리기 때문이다. 이러한 상황은 결과적으로 소비자들의 소유욕과 쟁취욕을 극대화시키고, 브랜드에 대한 소비자의 관여는 기다림이라는 행위로 표현된다.

또 다른 예로 2019년 5월 성수동에 한국 1호점을 연 로스터리 카페 블루보틀(Blue Bottle)이 있다. 커피계의 애플로 불리는 블루보틀은 미국, 일본, 한국 세 나라에서 80여 개 지점을 운영하고 있는데 성수점도 그중 하나다. 일주일에 2번 일본에서 전달받은 생두를 볶는데 이 공간은 1층에 있으며, 누구나 통유리창을 통해 전 과정을 감상할 수 있도록 디자인되어 있다. 소비자는 블루보틀에서 단순히 제공된 커피를 마시는 것이 아니라 제조 과정을 감상하는 차별화된 경험을 하게 된다. 편리성을 원하는 고객들이 스타벅스로 대표되는 기존의 카페에 간다면, 블루보틀을 찾는 고객들은 최소 15분이 걸리더라도 보다 양질의 커피를 즐기고 싶어 하는 사람들이라고 볼 수 있다. 이들에게 커피를 볶고 내리는 과정을 감상하는 것은 중요한 행위적 맥락의 브랜드 관여라고 할 수 있다.

보다 심층적 차원의 상징적 맥락에서 '관여'는 소비자가 추구하는 가치관, 라이프스타일, 그리고 하위문화를 지켜내고 공유하기 위한 상징으로 브랜드가 이용되는 것이라 볼 수 있다. 이는 순환구조라고 할 수 있는데 상징의 소비를 통해 비슷한 가치관 또는 동류의식을 지닌 집단이나 세대 간의 동질감과 정체성을 강화시킬 수 있다. 그렇다면 정체성은 무엇이고 브랜드는 어떻게 소비자 정체성 확립에 도움을 줄 수 있을까? 브랜드 정체성 또는 아이덴티티는 생각(thinking), 행동(action), 반응(action) 3가지 요인으로 구성되어 소비자에게 광고 등으로 전달된다. 특정 '생각', 즉 인식은 브랜드를 소비하거나 사용하는 것으로 남들과 다른 어떤 생각을 하게 만드는 것이고, 또 타인에 의해 그렇게 인식되어지기를 원하는 것이다. '행동'은 특정 브랜드가 제공하는 독특하고 차별화된 활동적 특징이다. 마지막으로, '반응'은 특정 상황에서 외부 자극으로 소비자가 브랜드를 통해 보여주는 현상이다.

사람들도 '나는 이런 사람이다'라고 정의하듯이 브랜드는 소비자에게 생각, 행동, 반응 차원의 차별화된 정체성을 제공하며 소비자 역시 브랜드가 제공하는 정체성의 소비라는 선순환을 지속하게 된다. 위에서 살펴본 슈프림이나 블루보틀처럼 브랜드 자체에 대한 행위적 맥락의 관여는 결국 브랜드 소비를 통하여 가치관을 공유하고 연대감을 형성하는 상징적 맥락의 관여로 이어진다. 즉, 브랜드는 행위적 맥락과 상징적 맥락의 몰입의 객체이자 몰입을 위한 도구적 수단인 것이다.

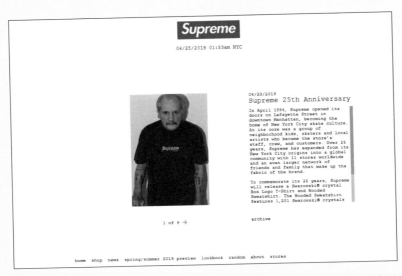

Supreme

04/25/2019 01:53am NYC

04/23/2019

Supreme 25th Anniversary

In April 1994, Supreme opened its
doors on Lafayette Street in
downtown Manhattan, becoming the
home of New York City skate culture.
At its core was a group of
neighborhood kids, skaters and local
artists who became the store's
staff, crew, and customers. Over 25
years, Supreme has expanded from its
New York City origins into a global
community with 11 stores worldwide
and an even larger network of
friends and family that make up the
fabric of the brand.

To commemorate its 25 years, Supreme
will release a Swarovski® crystal
Box Logo T-Shirt and Hooded
Sweatshirt. The Hooded Sweatshirt
features 1,201 Swarovski® crystals

1 of 9 →   archive

home shop news spring/summer 2019 preview lookbook random about stores

슈프림 웹사이트 뉴스 섹션으로 슈프림이 25주년을 기념해 크리스털 제조 브랜드 스와로브스키 (Swarovski)와 협업을 진행했다는 소식을 전하고 있다. 슈프림의 상징적인 브랜드 로고를 스와로브스키의 크리스털로 수놓은 제품을 특정 날짜에 선보인다는 소식을 담아 소비자의 관여를 불러일으킨다. 이처럼 슈프림은 여러 유명 브랜드와 콜라보레이션을 진행하고 한정 수량으로 판매하는 방식을 통해 제품의 희소가치를 끌어올리고, 소비자의 적극적 관여를 유도하고 있다.

지금까지 '행위적 맥락'과 '상징적 맥락'의 2가지 차원에서 브랜드 관여에 대해 살펴보았다. 그렇다면 브랜드는 소비자를 어떻게 관여시킬 것인가? 우리는 여기서 '브랜드 개성(brand personality)'에 주목할 필요가 있다. 브랜드가 소비자의 자기표현의 욕구를 충족시켜준다면 소비자의 행위적, 상징적 브랜드 관여는 증가할 것이다. 즉 소비자를 브랜드에 자발적으로 관여하게 만드는 근원적 동기나 미충족된 욕구를 브랜드가 해결해준다면, 소비자는 오프라인에서 브랜드가 제공하는 다양한 프로모션이나 활동에 적극적으로 참여할 것이다. 또한 SNS인 페이스북 팬페이지(fan page)에서 '좋아요', '댓글달기', '공유하기' 버튼을 더욱 자주 클릭할 것이며, 인스타그램에 브랜드가 노출된 사진을 더 많이 올릴 것이다. 제품의 기술적 평준화가 이루어진 오늘날, 소비자는 기능적 속성이 아니라 브랜드가 제공하는 차별화된 배타적 의미를 소비하며 이를 통해 개개인의 자기표현의 욕구를 충족시킨다. 우리가 잘 알고 있는 애플과 마이크로소프트(Microsoft Corporation) PC의 경우, 애플은 친근하고 창의적인 성격이라면 마이크로소프트 PC는 사무적이고 무뚝뚝한 느낌으로 표현될 것이다.

　　브랜드는 일종의 사회적 표식이자 상징체계이며 자아의 연장이다. 자신의 현실 자아(actual self)에 만족하지 못한 소비자는 브랜드의 상징적 의미를 소비함으로써 이상 자아(ideal self)에 가까이 다가서길 기대한다. 브랜드는 이러한 현실 자아와 이상 자아의 간극을 채워주는 중요한 충전제(filler) 역할을 한다. 한편, 현실 자아에 만족한 소비자라면 자신의 개성이나 이미지와 일치하는 브랜드를 소비하여 자신의 정체성을 강화할 수 있다. 즉, 현실 자아의 개성과 브랜드의 개성이 일치할 때 소비자의 브랜드 관여는 더욱 높아질 수 있다. 가령 안전과 품격을 중시하는 소비자라면 자동차 브랜드 선택 시 그러한 이미지를 지니고 있는 메르세데스 벤츠를 택할 가능성이 높다. 반면 미래지향적인 혁신과 패션을 추구하는 소비자라면 아우디(Audi)를 선택할 가능성이 높다. 브랜드가 제공하는 이러한 상징적 혜택은 소비자에게 브랜드에 대한 적극적인 관여를 이끌며 만족감을 제공한다. 브랜드 개성과 관련된 부분은 6장 '성공적인 페르마 마케팅을 위한 8가지 SNS 전술'에서 자세히 다루기로 한다.

3 브랜드를 통해 소비자의 사회적 '관계'를 확장하라

관계(relationships)는 사회적 연결로 주변의 친구, 가족, 사회적 관계 등 주위 사람들과의 친밀도를 뜻한다. 인간은 사회적 동물로 타인과 관계를 형성하고 친밀감과 감정적 유대를 형성하려는 경향이 있다. 부모, 자매, 친구, 동료 등 관계 간 심리적, 사회적 거리감은 다르나 친밀감과 기쁨을 나누고 공감할 수 있는 존재가 누구나 필요하다. 아무리 무뚝뚝하고 냉혈한 사람이라도 그를 보듬어주고 이해해줄 수 있는 존재가 필요한 것이다. 강력하고 군건한 사회적 관계는 개인이 곤경에 빠졌을 때 극복하고 나아갈 수 있는 힘이 된다. 기존 연구에 따르면 사람들은 육체적 고통보다 소외감 또는 고립감을 더 큰 고통으로 느낀다고 한다. 진화론적 관점에서 볼 때 생존을 위협하는 가장 큰 요인이 바로 사회적으로 고립되는 것이다.

요즘 같이 SNS가 활성화된 시대에 소비자의 소통을 통한 관계 확장의 욕구는 더욱 커지고 있다. 페이스북, 트위터의 친구 수나 인스타그램에 올린 사진의 댓글에 얼마나 많은 사람들이 의미를 부여하고 있는가? 소비자들이 올리는 포스팅, 댓글, 사진, 영상 등은 모두 그들을 둘러싼 네트워크, 즉 친구의 긍정적 관심과 반응을 끌기 위한 노력이다. 혹자는 SNS에서 친구의 무반응이 부정적 댓글보다도 더 우려된다고 말한다. 미국의 정치과학자이자 하버드대학교 교수인 로버트 퍼트넘(Robert Putnam)은 긍정적 사회관계는 신뢰나 규범과 같이 사회 전체 공동의 이익을 목표로 할 때 중요한 사회적 자본(social capital)이 된다고 하였다. 특히 요즘같이 온라인이나 SNS를 통한 인적 네트워크의 확장이 용이한 시대에 개개인은 사적 정보를 공유하고 소통함으로써 관계를 형성하고 유지·발전시킬 수 있다. 무엇보다 소비자의 자발적인 참여로 온오프라인을 넘나들며 유대 강도가 강화되고 브랜드 및 다양한 정보의 효과적인 구전이 이루어질 수 있다.

퍼트넘은 사회적 자본을 결속형 사회자본(bonding social capital)과 연계형 사회자본(bridging social capital)으로 구분하였다. '결속형 사회자본'은 네트워크 내 인적 관계가 끈끈한 가족, 이웃, 친구, 직장동료와 같이 높은 사회적 정체성과 동질성을 지니고 있다. 결속형 사회자본은 서로 소속감과 동질감을 충족시키고 신뢰와 호혜성을 바탕으로 사회적, 정신적 지지와 안정감을 제공한다. 반면 '연계형 사회자본'은 인적 관계의 강도가 비교적 약하며 구성원 간 유사성이나 동질감도 떨어진다. 그러나 구성원 간 결속력은 낮더라도 관계의 폭이 넓으며 다양성을 존중하는 문화를 지닌다. 또한 다양한 가치관과 행동양식을 지닌 사람과의 교류를 통해 더 넓은 세상을 경험하고 이해할 수 있게 된다.

그렇다면 브랜드는 어떻게 소비자 간 유대관계를 강화하고 확장시킬 수 있을까? 브랜드는 단순히 새로운 브랜드 가치관을 만들고 제공하는 수준에서 벗어나 그러한 가치관과 라이프 스타일을 지닌 소비자와 관계를 맺어주는 매개자(mediator)이자 촉진자(facilitator)가 되어야 한다. 라이프 스타일 메이커 역할의 대표적인 예가 할리데이비슨(Harley Davidson)이다. 세계에서 문신의 소재로 가장 많이 쓰이는 것이 '어머니'인데 그다음이 바로 할리데이비슨이라고 할 정도로 브랜드를 향한 고객의 충성심이 강하다. 할리데이비슨의 고객은 스스로 브랜드 충성자임을 넘어서 브랜드가 제공하는 라이프 스타일의 대변인으로 자각한다. 황야를 달리는 말발굽 소리를 연상시키는 '감성 소음'과 '고동감'을 제공하는 V트윈 엔진은 100년 동안 변함이 없으며, '자유(freedom)'라는 키워드를 떠올리는 데 주저함이 없다는 점에서 할리데이비슨만큼 정교한 브랜드 정체성을

호그는 사람들에게 모터사이클을 타는 즐거움을 제공할 뿐만 아니라 할리데이비슨을 소유하는 것만으로 서로 친구가 되게 하는 역할을 하고 있다. 호그는 건전한 모터사이클 라이딩 문화 정착에 힘쓰고 있으며 장학금 전달과 같은 사회봉사 활동도 하고 있다.

정립한 회사는 찾기 어렵다. 그 중심에는 할리데이비슨 모터사이클 동호회 모임인 호그(Harley Owners Group, HOG)가 있다. 전 세계 130만 명 이상의 열혈 팬들이 가입한 호그는 회원들에게 마일리지 보상, 무료 잡지 제공, 보험 혜택 등 다양한 인센티브를 제공하며 공동체의 유대관계를 공고히 하고 있다.

최근 이삼십 대를 주축으로 달리기 동호회인 '러닝크루' 열풍이 불고 있다고 한다. 인스타그램이나 네이버 등 SNS를 통해 러닝크루 운영진이 달리기 모임 개최를 공지하면 사람들이 댓글을 달아 함께 참여하는 것이다. 흥미롭게도 인스타그램에서 '#러닝크루'를 검색하면 약 7만 7000건의 게시글이 나오고 인기 러닝크루 계정은 7000명 이상의 팔로어를 보유하고 있다. 이러한 달리기 모임의 진화에 따라 나이키 플러스 런 클럽(Nike+Run Club, NRC)은 러닝으로 체중을 감량하거나 운동을 하고자 하는 사람들에게 나이키를 통해 다양한 운동 목표를 달성할 수 있도록 도움을 주고 있다. 또 NRC에 가입한 사람들이 함께 모여 뛰면서 앱을 통해 전문적인 코치의 조언을 받거나 새로운 러닝화를 신어볼 수 있도록 하는 등 다양한 이벤트를 진행하고 있다. 지난 봄(2019년 5월)에는 서울에서 활동하는 러닝크루 5명과 협업해 '리액트 바이 5: 서울을 달리는 러너들에게 영감받은 리액트'라는 프로젝트명으로 나이키의 커스텀 운동화를 제공했다. 자칫 단조롭거나 쉽게 지칠 수 있는 달리기 행사이지만, 참여자들이 브랜드를 중심으로 유대감을 갖고 서로 경쟁하면서 격려할 수 있도록 이끈 것이다. 이러한 활동은 브랜드 커뮤니티나 브랜드 애호자를 중심으로 자신이 좋아하는 브랜드에 대한 정보나 경험담을 공유하고 친밀한 인간관계를 조성하는 활동으로 나아갈 수 있으며 이를 통해 심리적 행복감을 증진시킬 수 있다. 요컨대 브랜드는 소비자의 관계 확장이나 소속에 대한 욕구를 만족시켜줄 수 있는 다양한 온오프라인 아웃렛을 제공할 때 소비자에게 행복감을 제공할 수 있을 것이다.

4 브랜드 사회공헌의 '의미'를 소비하게 하라

의미(meaning)는 개인의 이익이나 쾌락을 넘어 대의명분을 추구하는 것을 말한다. 그 어느 누구라도 자기중심적인 삶을 거부하는 사람은 없다. 그러나 때때로 소비자는 이기적인 목적을 초월하여 이웃을 돕고, 지역사회에 봉사하고, 국가 발전에 공헌하기를 원한다. 자신의 능력과 시간이 허락하는 범위 내에서 누군가에게 재능을 기부하고, 봉사하고, 도움을 주는 것은 중요한 사회적 가치이자 미덕이라고 할 수 있다.

소비자는 자신이 사용하는 브랜드에 의미를 부여하기 원한다. 개인의 필요에 의해 구매하는 브랜드이지만 무언가 사회에 도움이 되는 의미 있는 구매를 하기 원한다. 최근 들어 기업의 사회적 책임(Corporate Social Responsibility, CSR)이 중시되면서 기업들이 CSR 활동으로 파생되는 경제적, 환경적, 사회적 영향에 많은 관심을 갖게 되었다. 특히, 새로운 소비계층으로 부상한 17-37세의 밀레니얼 세대는 디지털 네이티브(digital natives)◆ 세대로 페이스북이나 트위터 같은 SNS를 활용해 일상을 공유하거나, 실시간 라이브 트윗을 하거나 동영상을 만들어 올리는 데 열중한다. 미국의 마케팅회사인 콘 커뮤니케이션스(Conn Communications)는 밀레니얼을 대상으로 한 조사에서 참가자의 90%가 브랜드를 선택할 때 대의명분 실천 여부를 고려한다고 밝혔다.

신발 브랜드 탐스(TOMS)가 2006년부터 시작한 CSR 활동은 확고한 브랜드 이미지를 심으며 소비자들에게 호응을 얻은 대표적 사례이다. 탐스는 'One for One' 모델을 통해 신발 한 켤레를 사면 신발 한 켤레를 아프리카 등의 개발 지역에 기부하는 마케팅 활동을 펼쳤다. 최근에는 총기류 관련 사고를 예방하기 위한 'End Gun Violence Together' 캠페인을 진행하고 있다.

◆ 디지털 네이티브란 태어날 때부터 개인용 컴퓨터, 휴대전화, 인터넷, MP3와 같은 디지털 기기가 일상화된 환경에서 성장한 세대를 말한다. 2001년 미국의 교육학자 마크 프렌스키(Marc Prensky)가 발표한 논문 〈디지털 네이티브, 디지털 이미그런트(digital natives, digital immigrants)〉에서 처음 사용된 용어로, 1980년에서 2000년 사이에 태어난 세대를 일컫는다. 프렌스키는 특정 지역 원주민(네이티브)들이 그곳의 언어와 문화를 생득적으로 익혔듯이 요즘 아이들은 디지털 습성을 타고나는 반면, 이전 세대는 아무리 노력해도 아날로그 취향을 완전히 떨쳐버리지 못하고 이주민으로 전락하고 마는 '디지털 이민자(디지털 이미그런트)'라고 하였다.

탐스의 총기류 관련 사고 예방을 위한 캠페인. 탐스는 2018년 말 캘리포니아 총격사건 이후 총기류 관련 사고 예방을 위한 웹사이트를 개설하고 법안 발의 촉구 운동 및 NGO 기부 등 다각적 캠페인을 진행하고 있다. 그 결과 2019년 1월 현재 100만 명에 이르는 소비자가 캠페인에 동참하고 남성 고객이 70% 증가하는 성과를 거두었다.

오늘날 소확행(小確幸)과 가심비(價心比)◆를 중시하는 한국의 소비자들은 브랜드를 평가하고 선정할 때 더욱 까다로워지고 있다. 브랜드에 대한 평가는 기업 평판, 브랜드 평판, 서비스 평판을 포함하여 CSR 평판, CEO 평판까지 세분화되어가고 있다. 이러한 시대적 흐름에 맞춰 현대자동차는 6대 무브(move) 사업을 통해 CSR을 실천하고 있다. 그중 청년과 이웃을 지원하는 드림 무브의 핵심은 '기프트카 캠페인'으로 창업에 필요한 차량을 지원하고 있다. 또 S-Oil은

◆ 　소확행이란 일상에서 이룰 수 있는 작지만 확실하게 실현 가능한 행복, 또는 그러한 행복을 추구하는 삶의 경향을 일컫는다. 비슷한 의미의 단어로 덴마크의 휘게(hygge), 스웨덴의 라곰(lagom), 프랑스의 오캄(au calme) 등이 있다.
　가심비란 가격 대비 성능을 뜻하는 가성비(價性比)에 마음 심(心) 자를 더해 만들어진 단어로, 가격 대비 마음의 만족을 추구하는 소비 형태를 말한다. 가성비를 중시하는 경우 가격이 싼 것을 고르는 경우가 많지만, 가심비를 중시하는 경우 조금 비싸더라도 자신을 위한 것을 구매하는 경우가 많다.

영웅, 환경, 지역사회, 소외이웃 지킴이 등 4대 지킴이 사업을 진행 중이며, 특히 2006년부터 소방관의 사기 진작을 위해 힘쓰고 순직·부상 소방관의 가정을 돕고 있다. 한편 SK그룹은 수년째 기업의 '사회적 가치 창출'을 핵심 가치이자 경영철학으로 삼고 여러 활동을 추진하고 있다. 일반적인 기업경영에서 가장 우선시되는 것은 경제적 가치로 생산과 판매 효율성을 제고하고, 고객 수를 증가시키고, 새로운 수익 창출의 기회를 찾고자 한다. 그러나 SK그룹은 이와 함께 사회적 가치 창출을 추구하면서 기업과 구성원의 행복, 고객과 사회의 행복을 실천 중이다. 이와 같이 기업들은 소비자와 가치 있는 의미를 공유하고 쌍방향적 소통을 하기 위해 지속적인 활동을 하고 있다. 소비자가 원하는 가치에 함께 공감하며 이를 실천하기 위한 구체적인 방안을 마련하는 것은 기업의 이미지 제고에도 많은 도움이 될 수 있다.

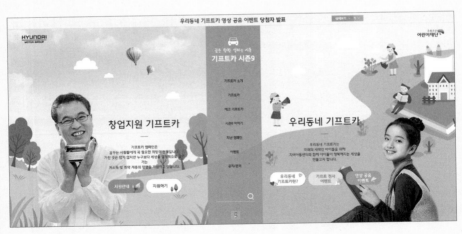

현대자동차 기프트카 캠페인 시즌9 웹페이지. 현대자동차 키프트카 캠페인은 초록우산 어린이재단과 함께 2011년부터 저소득층, 취약계층의 창업 주인공을 선정해 경차, 승합차, 1톤 트럭 등 창업 아이템에 맞는 차량을 지원하고 있다. 이뿐 아니라 차량 취득세, 보험료, 마케팅 비용 등을 포함한 창업자금을 지원하고 교육컨설팅을 제공하고 있다. 2019년 10월 현재 시즌 10을 진행 중이다.

CSR은 소비자의 마음을 발 빠르게 읽고 대처하는 기업의 마케팅 전략이다. 최근 CSR은 사회적 문제를 해결함과 동시에 기업이익을 추구하는 '공유 가치 창출(Creating Shared Value, CSV)'로 그 의미를 확장해가고 있다. 그런데 기업의 친사회적 활동이 단발적인 일회성 행사에 그치거나 겉보기식 활동에 머무른다면 우호적이고 긍정적인 기업 이미지를 형성할 수 없다. 반짝 관심을 불러일으킬 수는 있지만 소비자들이 신뢰하는 강건한 브랜드 이미지를 형성할 수는 없다. 소비자는 자신이 의미 있다고 생각하는 가치를 함께 공감할 수 있는 기업과 브랜드를 지지한다. 예를 들면, 말보로(Marlboro)나 버지니아 슬림(Virginia Slims) 등 전 세계 130개의 담배 브랜드를 소유한 가장 큰 담배제조업체 필립모리스 인터내셔널(Phillip Morris International, PMI)이 금연캠페인과 펀드를 조성하고, 세계적인 맥주 브랜드 버드와이저(Budweiser)가 음주운전예방 캠페인을 펼치는 것은 이율배반적이다. 조사 결과 PMI의 금연캠페인을 위한 캠페인 및 펀드 비용은 담배회사가 벌어들이는 매출의 0.1% 정도라고 한다. 이 정도의 비용으로 생색을 낼 수 있다면 대단히 성공적인 마케팅 전략이 아닐 수 없으며 소비자는 궁극적으로 기업의 진정성과 핵심 가치에 의구심을 갖게 될 것이다.

기업은 통합적 마케팅 커뮤니케이션(Integrated Marketing Communications, IMC)으로 기업 정체성(corporate identity)과 긍정적 기업 이미지(corporate image)를 형성하고자 하며 브랜드 차원에서도 마찬가지 목표를 갖고 있다. 따라서 소비자의 행복 추구를 위한 의미 부여에 기업이 새로운 마케팅 전략으로 대응하는 것은 당연하다. 그러나 소비자는 말만 번지르르한 브랜드가 아니라 가치를 공유하고 사회에 책임을 질 줄 아는 행동하는 브랜드, 실천하는 브랜드를 찾을 것이다. 브랜드는 소비자와 함께 호흡하고 소비자가 지향하는 가치를 존중해야 한다. 브랜드가 소비자와 함께 의미를 찾아가고 만들어갈 때 소비자는 행복을 느낄 수 있다.

5 소비자에게 '성취감'을 제공하라

소비자 행복을 위한 마지막 요인은 성취감(achievement)이다. 학창시절 어려운 시험을 준비하고 끝냈을 때의 기쁨을 돌이켜보자. 목적과 야망이 있는 삶은 인간에게 성취감을 느끼게 한다. 사람마다 하고 싶은 일, 얻고자 하는 것은 다양하다. 다이어트, 금연, 기타 배우기, 해외여행 가기, 연애하기 등 다양한 목적을 가진다. 또 그 목적을 달성하기 위한 시간은 몇 주 혹은 몇 달이 걸릴 수도 있고 수년 또는 수십 년에 걸친 장고의 노력이 필요할 수도 있다. 또 어떤 사람은 이러한 목표들을 쉽게 달성하는가 하면 끊임없이 노력을 하지만 결실을 맺지 못하는 사람도 부지기수이다. '천릿길도 한 걸음부터'라는 옛 속담처럼 어느 정도 실현 가능한 목표를 설정하고 나아간다는 결심만으로도 이미 성취감을 느낄 수 있을 것이다.

브랜드는 어떻게 소비자에게 성취감을 제공할 수 있을까? 브랜드가 제공하는 성취감은 결국 '브랜드 혜택'과 '가치'의 문제다. 혜택은 기능적 혜택, 심리적 혜택, 사회적 혜택 등으로 소비자 입장에서 브랜드가 소비자에게 제공하는 기능적, 심리적, 사회적인 추상적 효용이라고 볼 수 있다. 기능적 혜택의 경우 현재 많은 통신사들이 제공하는 인공지능 스피커를 살펴보면, 소비자들은 음악 감상, 날씨 확인, 교통 확인, 일정 등록과 같은 스피커의 다양한 기능에 만족하지 못하는 경우가 많다. 필자도 얼마 전 경품으로 받은 모 통신사 인공지능 스피커를 어렵사리 설치했는데 스피커가 동문서답하는 경우가 종종 발생해 웃어넘긴 적이 있다. 여러 장점이 있으나 아직 이러한 기능적 속성이 소비자에게 혜택으로 받아들여지지 않는다는 점이다. 앞서 '관여'에서 설명한 것과 같이 브랜드는 소비자에게 궁극적으로 다른 브랜드가 제공할 수 없는 차별화된 기능적, 심리적, 사회적, 경험적 혜택과 가치를 제공해야 한다. 즉 소비자는 특정 브랜드를 소유하고 소비함으로써 발생하는 차별화된 혜택 및 가치로 성취감을 느껴야 한다는 것이다.

소비자에게 성취감을 제공하는 대표적인 브랜드가 스웨덴의 이케아(IKEA)다. 1943년 17세였던 잉바르 캄프라드(Ingvar Kamprad)는 자신의 이름과 성의 이니셜 I와 K, 그리고 그가 자란 농장(Elmtaryd)과 마을 이름(Agunnaryd)의 이니셜을 조합해 이케아를 설립했다. 가구업계의 이단아로 불리는 브랜드, DIY(do it yourself)가 필수인 이 불친절한 브랜드는 어떻게 소비자의 마음을 매료시켰을까? 먼저, 이케아는 DIY라는 자신들의 단점을 소비자들이 장점으로 인식할 수 있도록 했다. 직관적으로 이해 가능한 그림만으로 구성된 이케아의 조립책자를 보면서 소비자는 가구 조립을 불편함이 아닌 성취감으로 느끼게 된다. 무엇보다 이러한 경험을 통해 소비자는 자신만의 라이프 스타일을 만들어가는 과정에 적극적으로 관여하게 되는 것이다. 또한 매장을 단순히 가구를 전시하는 곳이 아니라 여러 가구가 조화롭게 배치된 공간을 보여주는 쇼룸으로 구성하여 소비자들이 제품을 어떻게 활용할지 고민하고 아이디어를 얻을 수 있도록 했다. 이러한 과정 속에서 소비자는 자신이 사용할 가구를 직접 땀 흘려 조립하고 나만의 공간을 연출하는 성취감을 느끼게 된다.

다른 예로, 사회적으로 성공한 나이 지긋한 상류층 소비자를 공략하는 메르세데스 벤츠의 경우 소비자가 원하는 사회적 신분에 대한 성취감을 만족시켜 준다고 볼 수 있다. 2017년 비자카드가 연평균 8000만 원 이상 수입자 500명을 대상으로 명품 제품과 서비스를 구매하는 이유를 조사한 결과, 대상자의 44%가 그것을 사회적 신분의 수단으로 인식하기 때문이라고 하였다. 자본주의 시스템에서 지각된 사회적 계급(social class)에 대한 인지적, 정서적, 행위적 반응은 사회경제적 지위(socio-economic status)에 영향을 받는다. 즉 소비자 개인이 나고 자란 물질적 조건(material conditions)은 개인적 정체성과 그를 둘러싼 사회적 정체성에 대한 사고, 느낌, 그리고 행위를 규정하는 것이다. 사회경제적 지위는 명품 구매의 주요한 동기에 영향을 미치며 소비자를 과시적 소비행위로 이끈다.

프랑스의 사회철학자 장 보드리야르(Jean Baudrillard)는 소비자들이 상품 소비를 통해 자신이 특정 계층에 속한다는 점을 과시한다고 하면서 이를 파노플리 효과(effect de panoplie)*라고 하였다. 그는 소비자의 진정한 필요는 내생적인 것이 아니라 사회적으로 구성된다고 보았다. 또 모든 소비는 의미의 표현이며 이러한 현상은 사회적 물신숭배주의(fetishism)로 나타난다고 하였다. 이러한 점에서 사회경제적 지위는 사회적 수용(social acceptance)과 밀접한 관련이 있다고 볼 수 있으며, 소비자들은 이를 위해 로고가 좀 더 큰 브랜드를 구매하거나 과시적 소비행위에 빠지게 될 경향이 높다고 볼 수 있다.

제품과 관련된 구체적인 제품 속성이나 기능적 혜택은 경쟁사가 비교적 단시간에 쉽게 모방할 수 있다. 그러나 심리적, 사회적 혜택과 가치는 오랜 기간에 걸쳐 소비자의 뇌리에 고정관념으로 고착화되기에 이를 변화시키는 것은 상당히 어렵고 긴 시간이 소요된다. 따라서 브랜드는 소비자가 원하는 성취감과 관련된 심리적, 사회적 혜택과 가치를 제공하기 위해 부단히 노력해야 하며 어떤 혜택과 가치를 제공해 소비자를 행복하게 만들 수 있는지 연구해야 한다.

이번 장에서는 페르마의 5가지 행복요인을 어떻게 마케팅에 적용하여 소비자에게 진정한 행복감을 제공할 수 있는지에 대해 논의하였다. 브랜드는 페르마 마케팅 전략을 적용해 소비자에게 즐거운 감정이 생겨나도록 해야 하며, 소비자

◆ 파노플리란 집합(set)이라는 뜻으로, 동일한 맥락의 의미를 지닌 상품 집단을 가리키는 말로 쓰인다. 파노플리 효과란 소비자가 특정 제품을 소비함으로써 유사한 급의 제품을 소비하는 소비자 집단과 자신이 동등해진다는 환상을 갖게 되는 현상을 말한다. 이런 현상은 구매한 물건을 통해 자신의 지위와 문화적 자본을 드러내려는 욕구에서 비롯되는데, 명품 구매에 대한 집착을 대표적 예로 들 수 있다.

의 적극적 관여를 유도해야 한다. 그리고 소비자가 타인과 긍정적 관계를 형성할 수 있도록 이바지해야 한다. 브랜드가 소비자와 공감할 수 있는 의미 있는 가치를 추구하고 소비자에게 성취감을 제공할 때 소비자는 진정한 행복감을 느낄 수 있을 것이다. 소비자의 진정한 행복감 증진이 기업과 브랜드의 존재 이유가 되어야 할 것이다.

Q

이번 장에서는 성공적인 페르마 마케팅 전략 목표를 달성하기 위한 8가지 SNS 전술과 관련 사례를 살펴보고자 한다. SNS는 소통의 측면에서 가장 중요한 전달매체이자 제품의 유통채널이라는 점에서 페르마 마케팅을 어떻게 SNS로 접목시킬 수 있을지 함께 고민해보기로 한다. 구체적으로 보면 1번부터 5번까지는 SNS 플랫폼과 직접적으로 관련된 전략이고, 6번부터 8번까지는 브랜드 전략 차원에서 소비자 만족감을 높이기 위한 전략으로 볼 수 있다. 8가지 SNS 전술은 최적화된 SNS의 플랫폼을 바탕으로 브랜드에 대한 소비자의 관심과 관여, 경험, 참여 등을 이끌어내 성공적인 페르마 마케팅을 위한 기초를 마련해줄 것이다.

chapter 06

성공적인
페르마 마케팅을 위한
8가지 SNS 전술

미국의 신발업체인 자포스(Zappos)는 자신들을 정의할 때 신발을 파는 기업이 아니라 '최고의 서비스 기업'으로 이야기한다. 자포스의 고객충성서비스에 관한 유명한 일례가 있다. 자포스에서 신발을 주문한 어머니가 돌아가셔서 반품을 해야 한다는 딸의 전화에 고객충성팀 직원이 직접 택배직원을 보내 반품처리를 도와주었다. 그런데 다음 날 한 다발의 꽃과 함께 모친을 잃고 슬픔에 빠진 여성을 위로하는 문구가 적힌 카드가 배달되었다. 꽃다발과 카드는 자포스에서 그녀를 위해 보낸 것이고 딸은 이러한 감동을 주위 사람들에게 널리 알렸다. 자포스의 고객행복을 위한 경영철학을 높이 산 아마존은 2009년 당시 인수합병 중 최고 액수인 12억 달러를 들여 자포스를 인수하게 된다. 자포스는 서비스가 부수적이라는 유통업의 일반적인 사고와 달리 최고의 서비스가 고객에게 평생 감동의 기억과 행복을 만들어주는 투자라고 여긴다.

기업의 모든 마케팅 활동은 소비자에게 행복을 제공해줄 의무가 있는데, 이는 고객과의 접점에서 직접 대면하고 소통하는 모든 이들이 소비자 감동을 만들어낼 때 이루어질 수 있다. 새벽배송으로 잘 알려진 쿠팡맨이 문 앞에 배달된 제품을 사진으로 찍어 보내주는 문자는 소비자의 마음에 소소한 행복감을 남긴다. 이는 우리가 알고 있는 통합적 마케팅 커뮤니케이션(Integrated Marketing Communication, IMC)의 본질이다. 소비자가 구입하는 제품과 서비스는 결국 개인의 주관적 안녕감과 행복감을 높이기 위한 물질적, 심리적 수단이라는 점이다.

이번 장에서는 성공적인 페르마 마케팅 전략 목표를 달성하기 위한 8가지 SNS 전술과 관련 사례를 살펴보고자 한다. SNS는 소통의 측면에서 가장 중요한 전달매체이자 제품의 유통채널이라는 점에서 페르마 마케팅을 어떻게 SNS로 접목시킬 수 있을지 함께 고민해보기로 한다. 구체적으로 보면 1번부터 5번까지는 SNS 플랫폼과 직접적으로 관련된 전략이고, 6번부터 8번까지는 브랜드 전략 차원에서 소비자 만족감을 높이기 위한 전략으로 볼 수 있다. 8가지 SNS

전술은 최적화된 SNS 플랫폼을 바탕으로 브랜드에 대한 소비자의 관심과 관여, 경험, 참여 등을 이끌어내 성공적인 페르마 마케팅을 위한 기초를 마련해줄 것이다.

1 SNS 전술 1: 다양한 SNS의 유형과 특성을 파악하라 ▾

소셜 미디어의 한 종류인 소셜 네트워킹 서비스(SNS)란 텍스트, 이미지, 오디오, 비디오 등 다양한 멀티미디어의 구성요소를 바탕으로 쌍방향 커뮤니케이션을 통해 사회적 상호작용을 가능하게 하는 온라인 툴과 플랫폼을 의미한다. SNS는 공통적으로 다음과 같은 3가지 주요 특성을 지닌다.

- 첫째, 신속성이다. 전통미디어와 달리 SNS는 정보의 수평적 전달과 확산이 전통미디어와 비교할 수 없을 정도로 빠르다. 2018년 한국에서 유독 논란이 되었던 BMW 화재 사건의 경우 SNS를 통해 수많은 사람들이 목격담과 경험담을 공유하였다.
- 둘째는 개인성이다. SNS가 언론사 웹사이트처럼 사회적 이슈나 정보 전달의 수단으로 이용되기도 하지만 주관적인 경험, 생각, 느낌을 자신의 네트워크와 공유하고 확산하는 수단으로 활용되기도 한다. SNS는 중요한 자기표현의 장으로 자신의 개성과 감정을 자유롭게 표현하고 이를 주위 사람들과 공유할 수 있도록 한다.
- 마지막 세 번째 특징은 개방성이다. 누구나 자신의 콘텐츠를 제한 없이 자유롭게 공유하고 전달하는 투명성이 보장된다. SNS를 통해 일단 공개되면 누구나 손쉽게 해당 정보를 보관하고 유통시킬 수 있다.

기업은 소비자와 긴밀히 소통할 수 있는 접점을 찾기 위해서 SNS 유형과 특성에 따른 차이를 이해할 필요가 있다. SNS의 종류는 그 기능과 목적에 따라 다양하게 분류할 수 있다. 예를 들어, 특정 사용자나 분야의 제한 없이 텍스트 중심으로 참여할 수 있는 페이스북이 있는가 하면, 링크드인처럼 업무나 사업 관계의 전문적인 비즈니스를 목적으로 한 SNS도 존재한다. 또한 트위터와 같이 짧은 단문형 서비스의 마이크로 블로깅 서비스를 제공하는 SNS도 있으며, 요즘 젊은 층을 중심으로 많은 인기를 얻고 있는 비주얼 중심의 인스타그램이나 틱톡(TikTok)과 같은 SNS가 있다.

최근 SNS는 라이브 스트리밍 기능을 강화하고 있다. 라이브 스트리밍의 대표적인 예로 유튜브를 들 수 있다. 실시간 스트리밍은 쉽게 말해 '생방송'으로 게임, 스포츠, 강의 등 다양한 콘텐츠를 실시간으로 스트리밍을 통해 송출하고 시청자들은 더욱 생동감 있는 정보를 받게 되는 것이다. 텍스트 중심의 SNS와 달리 유튜브 생방송을 보는 동안 시청자들은 콘텐츠 크리에이터나 유튜버 등과 실시간으로 소통할 수 있다. 단순 댓글뿐만 아니라 궁금한 점이나 자신의 의견 등을 즉각적으로 표현하고 방송에 직접 참여할 수 있다는 장점이 있다.◆ 또한 15초 동영상 편집이 가능한 틱톡은 국내외 스타마케팅에 활발히 이용되고 있다. 바이트댄스(ByteDance)라는 중국 인터넷 기업이 소유한 이 앱은 2016년 중국에서 더우인이란 이름으로 시작해 1년 만에 사용자 수가 1억을 돌파했고 매일 수십억 회의 시청횟수를 기록하고 있다. 틱톡은 2018년 10월에 전 세계에서 가장 많이 다운로드된 앱 3위를 기록했으며 현재 5억 명 이상의 사용자를 거느

◆ SNS상에서 이루어지는 실시간 소통에는 악성 댓글과 같은 폐해가 따르기도 한다. 이에 최근 유튜브는 업계 스스로 자율 규제를 강화하는 '미성년자 보호 정책'을 발표했다. 2019년 6월 7일자로 14세 미만 미성년자는 보호자 동반하에 라이브 생방송을 진행할 수 있으며, 사전 제작물의 경우 미성년자 단독 출연이 가능하나 댓글이 금지되었다.

리고 있다. 틱톡은 국내 인기에 힘입어 2019년 8월 부산 해운대구 벡스코에서 열린 부산국제광고제에 홍보부스를 운영하기도 했다. 틱톡 브랜드 파트너십 책임자 스티븐 장(Steven Zhang)은 당시 컨퍼런스 세션에 참가해 "틱톡: 당신의 비즈니스 성공을 위한 글로벌 플랫폼(TikTok: Global Platform for Your Business Success)"이라는 주제로 강연을 하였다. 여담이지만 필자도 홍익대학교 광고홍보학부 학생들과 2019년 부산국제광고제에 참여해 틱톡의 SNS 마케팅 전략을 접할 수 있었다. 그는 강연에서 틱톡은 표현하는 것을 즐기고 개인을 중시하는 젊은 세대에 주목한다고 하면서 "여타의 미디어 플랫폼과 차별화하기 위해 사용자들이 편안하고 즐겁게 즐길 수 있는 환경을 제공하려 했다"고 말했다. 2016년 인스타그램 역시 유튜브와 같이 '라이브 방송'과 '인스턴트 메시지'를 도입하여 동영상 스트리밍 시장에 뛰어들었다. 이 밖에도 텀블러, 카톡 라이브톡, 아프리카, 다음팟 등 다양한 SNS가 존재한다.

소비자가 존재하지 않는다면 아무리 마케팅 비용을 쏟아부어도 반향 없는 공허한 외침에 불과하기 마련이다. 그러므로 기업은 소비자가 주로 어떤 SNS를 이용하는지, 각각의 플랫폼의 특성 및 강약점은 무엇인지 파악해야 한다. SNS 종류별로 성별, 연령대 등 다양한 요인에 따라 점유율이 다르다. 소비자와 소통하고 우호적인 관계를 형성하고 싶다면, 기업은 SNS 마케팅을 시작하기 전에 목표 타깃에 따른 적절한 SNS 플랫폼을 선정해야 할 것이다.

디지털 시대의 브랜드 패러다임은 소비자가 주도한다. 초연결시대 소비자는 브랜드가 제공하는 가치에 함께 공감하고 이를 확산시키는 중요한 주체다. 기업과 소비자 간 설득 위주의 일방적 정보 전달이 이루어지는 것이 아니라 '소통'과 '공감'이 중요한 화두로 자리 잡고 있다. 이제 소비자는 제품과 서비스를 수동적으로 사용하는 데 머물지 않고, 제품 콘셉트와 디자인에 적극적으로 관여하고 혁신적인 사용자 경험(user experience)을 창조하는 데 앞장서고 있다. 소비자는 과거에 비해 훨씬 빠르게 정보를 공유하고 업데이트한다.

따라서 기업은 소비자가 어떤 새로운 아이디어나 지식을 가지고 변해가고 있는지 주의를 기울여야 한다. 인지적 일관성 이론(cognitive consistency theory)◆에 따르면 소비자는 기존의 지식체계와 외부로부터 제공된 새로운 정보가 일치하면 이미 형성된 지식체계를 변화시키지 않고 새로운 정보를 쉽게 수용한다. 그러나

◆ 인지적 일관성은 개인의 생각, 신념, 지식, 의견, 태도, 관심사 등이 서로 충돌되지 않고 조화를 이루는 것을 의미한다. 나아가 이런 요소들이 사고 영역에 한정되지 않고 개인의 일관된 행동으로 반영된다는 것이다. 일관되지 않거나 부조화(dissonance)가 발생할 경우 긴장 상태 및 심리적으로 불편한 상태를 초래하게 된다. 이러한 부조화 상태를 심리적 균형 상태(psychological balance)로 만들고 긴장을 해소하기 위해 개인은 다양한 변화를 시도하게 된다. 이론의 진화 과정을 살펴보면, 1946년 프리츠 하이더(Fritz Heider)가 사회심리학에서 인지적 일관성 이론을 최초로 소개하였다. 이후 1950년대 레온 페스틴저(Leon Festinger)의 인지부조화 이론(cognitive dissonance theory), 프리츠 하이더의 P-O-X 균형이론(balance theory), 시어도어 뉴콤(Theodore Newcomb)의 A-B-X 체계, 찰스 오스굿(Charles Osgood)의 일관성 원칙(principle of congruity) 등 일군의 사회심리학자들이 제시한 파생이론은 모두 인지적 일관성 이론을 응용 및 보완하기 위해 제안된 것으로 이해할 수 있다. 특히, 페스틴저의 인지부조화 이론은 실험 및 필드 연구를 통해 방대한 결과를 축적하였으며 지금까지도 연구 결과의 타당성과 신뢰성을 인정받고 있다. 소비자 태도 변화(attitude change) 등과 관련해 광고홍보 분야 및 사회심리학의 주요한 핵심 이론이라 할 수 있다.

기존 지식체계와 새로운 정보가 불일치하면 정보를 받아들이는 데 어려움을 겪는다. 전통적인 일방적 브랜드 커뮤니케이션은 빠르게 업데이트되고 공유되는 소비자 지식체계와 부조화를 일으킬 가능성이 높고 쉽게 수용되기 어렵다. 그러므로 브랜드는 소비자를 설득의 대상이 아니라 브랜드 혜택과 가치를 함께 만들고 끊임없이 발전시켜가는 동반자로 인식해야 한다. 더군다나 장기적이고 진실한 관계를 형성하기 원하는 브랜드라면 더더욱 소비자를 기업 및 브랜드 경영의 파트너로 배려해야 할 것이다.

SNS에서 소비자 의견을 적극적으로 수집하고 반영해 신제품을 개발하는 '경청 마케팅'은 브랜드와 소비자의 동반자적 관계를 보여주는 하나의 예다. 요즈음 많은 기업들이 페이스북이나 트위터 등 SNS를 통해 소비자들의 아이디어를 취합하고 이를 상품이나 서비스 개발에 적극적으로 활용한다. 예를 들면, 농심은 2011년 판매량 저조를 이유로 단종되었던 '보글보글 찌개면'을 소비자들의 요청에 따라 2016년 '보글보글 부대찌개면'으로 새롭게 단장해 재출시하였다. 오리온의 '포카칩 구운 김맛'이나 커피원두전문기업 쟈뎅(Jardin)과 크라운제과가 협업해 출시한 '죠리퐁 카페라떼' 등도 모두 소비자 요청이나 다양한 이용방법을 받아들여 새로운 제품으로 나온 경우이다. 글로벌 티 음료 브랜드인 공차 코리아는 2017년 직원들을 대상으로 신메뉴 콘테스트를 진행해 블랙 밀크티와 곡물파우더가 어우러진 '앙금앙금해'라는 신제품을 선보였다. 이와 같이 SNS 상의 모디슈머(modisumer),◆ 소비자들의 목소리를 자주 접하는 직원들, 제품을

◆ 모디슈머란 수정한다는 뜻의 모디파이(modify)와 소비자를 뜻하는 컨슈머(consumer)가 합쳐진 말로, 식품제조업체가 정해놓은 조리법을 따르지 않고 자신만의 방법으로 요리를 즐기는 사람을 뜻한다. 라면은 모디슈머들이 가장 애용하는 식품으로 짜파구리(짜파게티+너구리), 오파게티(오징어 짬뽕+짜파게티) 등이 대표적 예다. 1인 미디어 증가, SNS 사용자 증가, 나홀로족·1인 가구의 성장 등으로 모디슈머들의 활동은 더욱 활발해지고 영향력이 커지고 있다.

농심 보글보글 부대찌개면은 단종되었던 제품을 그 맛을 잊지 못하는 소비자들의 요구에 힘입어 새롭게 업그레이드하여 출시한 것이다. SNS에서 소비자 의견을 적극적으로 수집하고 반영해 신제품을 개발하는 '경청 마케팅'의 대표적 사례이다.

직접 사용하는 이들의 요구를 파악해 제품 개발에 반영하고 시장에서 성공하는 사례가 늘고 있다.

소비자의 목소리를 경청하는 것은 기업이나 브랜드가 위험에 빠졌을 때 기업 이미지 및 위기 관리(crisis management)에도 도움이 된다. SNS상에서 소비자들의 불만사항은 빠르게 전파·확산되며 이는 경쟁 브랜드로의 이탈로 연결된다. 따라서 브랜드는 SNS상에서 소비자의 불만이나 개선사항을 적극적으로 경청하여 기업과 브랜드에 관한 부정적 이미지를 완화시키고 소비자 이탈을 최소화해야 한다. 또 잘못한 것이 있다면 진정성 있게 사과하고 성실하게 책임지는 모습을 보여야 한다. SNS라는 열린 공간은 소비자와 브랜드가 편안하게 소통할 수 있는 좋은 대화의 공간이다. 간혹 SNS상에서 소비자 불만이 구전되어 눈덩이처럼 불어나고 브랜드가 위기에 처하는 경우를 보는데, 결국 소비자의 목소리에 귀 기울이지 않아 문제가 커지는 경우가 대부분이다.

과거에는 기업이 제품과 서비스를 만들면 광고대행사가 크리에이티브한 상업적 메시지를 제작하고 다양한 전통매체를 통해 소비자에게 전달하는 단순한 구조였다. 그러나 이제는 소비자 힘이 그 어느 때보다 커졌으며 인플루언서 (influencer)나 1인 미디어 활동을 통해 소비자 그 누구라도 브랜드와 관련된 속성, 기능, 혜택 등에 대해 이야기할 수 있게 되었다. 그러므로 기업은 SNS를 통해 소비자가 제품에 관해 원하는 것이 무엇인지, 미충족된 욕구는 무엇이고 그것을 어떻게 만족시켜줄 수 있는지, 불만이나 개선사항은 무엇인지 소비자의 목소리를 경청하고 적극적으로 물어보는 태도를 가져야 한다.

3 SNS 전술 3: 유용한 콘텐츠를 제공하라

앞에서 네이티브 광고에 대해 간략히 설명했지만 SNS 마케팅의 핵심은 유용한 콘텐츠 제공이다. SNS는 소비자 요구와 의견을 경청할 수 있는 중요한 소통의 도구임과 동시에 기업과 제품을 알릴 수 있는 거점 역할을 한다. 물리적 실체가 있는 점포나 장소도 소비자와의 소통을 위해 중요하지만, 오늘날 급속하게 발전하는 전자상거래(electronic commerce) 및 소셜커머스(social commerce)의 성장세를 고려할 때 기업은 시공을 초월해 소비자와 소통할 수 있는 접점을 넓혀나가야 한다. 소비자와의 소통을 위해 멀티채널을 통한 전방위적인 접근도 중요하지만, 소비자가 원할 때 항상 접근할 수 있는 SNS 채널을 확보해야 한다. 그러나 이러한 하드웨어가 모두 갖춰졌다고 하더라도 소프트웨어인 양질의 콘텐츠가 제공되지 않는다면 무용지물이다.

소비자가 원하는 양질의 콘텐츠를 제공해 성공한 사례를 살펴보자. 카드업계 1위 신한카드는 보수적이고 딱딱한 금융권의 이미지를 탈피하기 위해 SNS 마케팅으로 고정관념을 깬 사례로 꼽힌다. 신한카드는 SNS 채널별로 차별화된 전략을 취해 신규고객 확보와 영업실적 향상이라는 결과를 낳았다. 예를 들어, 페이스북은 명확하게 홍보 채널로 활용하는 반면 카카오톡 플러스친구는 카드 발급이나 신청 유도 채널로 활용했다. 특히, 카카오톡 플러스친구는 고객의 성별 및 연령별로 세분화하여 주유할인 카드나 제휴서비스 같은 유용한 정보를 제공함으로써 소비자들이 정보를 공유하는 비율이 급증하였다고 한다.

유용한 콘텐츠를 제공하는 것은 브랜드 충성도를 확보하는 데 필수적이다. 네이티브 광고나 브랜디드 콘텐츠와 같이 소비자가 원하는 정보를 충실하게 제공하면서 브랜드 스토리를 콘텐츠에 녹여 전달한다면, 소비자는 심리적 반발감 (psychological reactance)◆이나 저항 없이 메시지를 수용할 가능성이 높아진다. 소비자는 일상생활에서 실질적이고 유용한 정보를 원하며 그것을 통해 더 행복하고 발전된 삶을 꿈꾸고자 한다. 특정 브랜드가 소비자의 정보 욕구를 충족시켜주고 나아가 행복한 삶을 위한 지식을 제공한다면, 어떤 소비자가 이를 거부할 수 있겠는가? 일본의 커뮤니케이션 전략 플래너인 이와이 타쿠마는 그의 저서 《최고의 브랜드는 어떻게 성장하는가》에서 브랜드 간 실제적 차이를 만들어낼 만큼의 두드러진 강점을 지닌 브랜드를 찾기가 갈수록 어려워지고 있다고 했다. 그러면서 이런 현실 속에 기업의 강점과 핵심 가치가 감동적 스토리로 소비자에게 전달되는 것이 중요함을 강조했다. 또한 브랜드 마케팅의 세계적 권위자인

◆ 심리적 반발이론에 따르면 개인은 자유의지로 자신의 행동을 지배하고자 하며 대안들 중에서 자신이 스스로 선택할 자유를 중시한다. 이러한 개인의 자유가 억압되거나 위축될 때 심리적 저항감이 발생해 위협받은 자유를 회복하려는 경향이 있다는 것이다. 통상적으로, 광고에 대한 강제 노출(forced exposure)은 소비자의 사용자 경험과 몰입을 방해해 광고, 브랜드, 광고주 등에 대해 부정적 영향을 미친다고 한다. 예를 들어, 미국 달라스 소재 서던메소디스트대학교(Southern Methodist University)의 스티브 에드워즈(Steve Edwards)와 동료들의 연구 결과, 인터넷상 팝업광고에 강제 노출될 경우 이를 웹서핑을 방해하는 위협요소로 간주해 소비자의 반발심이 유발된다고 한다. 또 웹드라마 시청 시 브랜드를 두드러지게 노출하는 브랜드 현저성(brand prominence)이 높을 경우 브랜드에 강제적으로 노출되어 인지적, 정서적 차원에서 심리적 저항감이 발생된다고 한다.

데이비드 아커(David Aaker)와 제니퍼 아커(Jennifer Aaker)는 강력한 기업의 내러티브인 시그니처 스토리(signature story)가 기업의 전략적 플래닝에 꼭 필요하며 이를 통해 브랜드와 기업 임직원, 그리고 고객이 삼위일체가 될 수 있다고 했다.

요컨대 소비자의 선택 행위는 평준화된 제품의 기능적 차원의 가치를 넘어 브랜드의 상징적, 사회적, 경험적 차원의 가치에 따라 달라질 수 있다. 따라서 중요한 것은 브랜드가 감동과 진정성을 주는 유용한 스토리와 콘텐츠로 소비자에게 다가설 수 있는지 여부이다. 브랜드가 일회성 교환 행위를 위한 광고나 이벤트가 아니라 유용한 콘텐츠를 개발하기 위해 소비자와 꾸준히 교감하고 소통할 때 소비자의 호의적 반응은 눈덩이처럼 불어날 것이다. 처음에 '좋아요', '댓글달기', '공유하기' 등에서 미미한 반응을 보이더라도 임계점을 넘어서는 순간 매출 등의 가시적 결과가 나타난다. 흥미롭게도 한두 명의 소비자가 형성한 브랜드 커뮤니티(brand community)를 시작으로 어느새 많은 브랜드 팬들이 서로의 긍정적 경험담이나 이벤트, 프로모션 등을 자발적, 적극적으로 공유하게 된다. 예를 들어, 대한민국 1등 배달앱인 '배달의민족'을 좋아하는 사람들이 모인 팬클럽 '배짱이'가 있다. 2016년 5월 만들어진 배짱이는 말 그대로 배짱이 두둑한 수천 명의 팬들로 배달의민족 브랜드 파워를 엄청나게 증가시켰다. B급 감성에 최적화된 문화코드로 2030세대의 취향을 저격한 배달의민족이 3기 배짱이를 우아한형제들 본사로 초청했는데, 400명 선발에 20만 명이 온라인으로 응시해 경쟁률이 무려 500대 1에 달했다고 한다. 2016년 배달의민족이 처음 흑자를 기록했을 때 배짱이 1기 회원들이 벌인 '흙자' 이벤트는 브랜드에 대한 열정과 사랑을 보여주는 유명한 일화로 남아 있다. 당시 전국 각지에서 흙을 한 삽씩 퍼내 일회용 컵에 담아 씨앗을 심고 자를 꽂아 배달의민족 사무실로 보내 흑자 달성을 축하해주었다고 하니 회사만큼이나 개성과 끼가 넘치는 팬들로 보인다. 배달의민족은 이들을 위해 배민신춘문예, 배민전용 폰트 개발, 배민문방구 등 여러 이벤트를 진행하고 팬들과 계속적으로 소통하고 있다.

이처럼 브랜드는 소비자와 지속적인 소통으로 그들의 필요와 욕구를 충족시켜주고 어려움을 해결할 수 있는 유용한 정보를 제공해주어야 한다. 이러한 노력을 통해 소비자는 양질의 정보를 얻을 수 있으며 동시에 기업은 소비자에게 브랜드의 존재감을 부각시킬 수 있다.

4 SNS 전술 4: 소비자의 자발적 노출과 반응을 유도하라 ▾

사람들은 모두 (정도나 양상에서는 차이가 있더라도) 자기표현의 본능이 있다. 지금과 같이 온라인이나 SNS가 없던 시대에 사람들은 고급 외제차나 명품 의류, 액세서리 소유와 같은 비교적 정형화된 방식으로 자신의 존재를 드러냈다. 즉 과거에는 개인의 주변을 중심으로 사회적 인정과 수용을 받는 방법이 제한적일 수밖에 없었다. 반면 오늘날에는 많은 이들이 SNS 활동을 통해 자신을 드러낸다. 어디에 가서 어떤 음식을 먹었는지, 어떤 제품을 구매했는지, 어느 곳을 여행했는지 등을 기록하고 그에 대한 자신의 생각과 느낌을 표현한다.

SNS상에 드러나는 이러한 자기표현의 욕구는 계속해서 또 다른 차원으로 진화 중이다. 자기표현의 근원적 동기는 '자아존중감(self-esteem)'과 '자기개념(self-concept)' 또는 '자아정체성(self-identity)'의 확립이다. SNS 시대에 사람들은 남들과 차별화되는 어떠한 대상이나 제품을 소유하거나 남들이 경험하지 못한 일을 겪고 느끼는 것으로 자신의 존재감을 확인하고 표현하려 한다. 일례로, 위험을 무릅쓰고서라도 색다른 장소에 가거나 튀는 복장을 하고 셀피(selfie, 셀프카메라)를 찍어 SNS상에 올리는 것도 자기표현의 예라 할 수 있다. SNS상에서 인기 있는 포스팅이나 동영상은 많은 사람들이 공유하고, 댓글에 댓글을 달고, 조회수가 올라가면서 파장효과의 선순환이 발생한다. 언급한 예들은 SNS상

남들이 생각하지 못한 곳, 새로운 곳에서 사진을 찍어 자신의 존재를 드러내는 셀피가 SNS상에서 유행처럼 번지고 있다. 사진은 홍콩의 한 고층빌딩에서 찍은 셀피다.

에서 일어나는 자발적 자기표현이며 반응이다.

유튜브에서 '먹방(mukbang)' 동영상이 인기다. 최근 허위 광고로 사회적 물의를 일으킨 먹방계 1인자 밴쯔의 구독자 수는 2019년 8월 기준 280만 명이 넘는다. 먹방은 별다른 내용 없이 인터넷 방송에서 BJ(broadcast jacky)나 푸드 크리에이터(food creator)가 음식을 먹는 모습을 보여주는 것이다. 간혹 음식을 먹다가 멘트를 하거나 또는 의도적으로 먹는 소리를 크게 내어 보여주기도 한다. 이러한 먹방이 세계적인 이슈가 되었는지 CNN 등 해외 주요 언론들도 한국의 먹방문화에 대해 새로운 형태의 '소셜 이팅(social eating)'으로 보도하기도 했다.◆

◆　Pequenino, K. (2016. 10. 21). Do you mukbang? It's the new form of 'social eating'. CNN. (https://edition.cnn.com/2016/10/20/health/vegans-go-mukbang-in-new-social-eating-trend/index.html)

심지어 요즘에는 반대로 굶어가는 모습을 영상으로 보여주는 '굶방'도 등장했다고 한다. 한편 기존의 노래를 자신만의 음색으로 재창작해 부르는 커버곡 영상도 온라인상에서 인기를 누리고 있다. 국내 개인 유튜버 구독자 1위(2019년 8월 기준 약 1345만 명) JFlaMusic의 '제이플라'가 그 예다. 제이플라는 특히 해외 팝송을 리메이크해 업로드하는 커버 가수이자 뮤직 크리에이터다. 이러한 유튜버들은 영상을 통해 자신에 대한 존재감과 정체성을 나타낸다고 볼 수 있다. 지금이야 몇몇 대표 BJ가 유명세를 타고 있지만 사실 어느 누구라도 자신의 개성을 드러낼 수 있는 콘텐츠를 만들어 온라인상에 노출할 수 있다. 그리고 소비자들은 이러한 콘텐츠에 댓글을 남기고 공유하거나 제품 구매 등의 반응을 보이게 된다.

명품 브랜드가 제공하는 상징적 가치나 차별화된 혜택은 여전히 유효하며, 이를 통해 자신의 존재를 드러내려는 소비자들 역시 도처에 존재한다. 이와 동시에 많은 소비자들이 이제 페이스북의 '좋아요'나 인스타그램의 하트로 자기표현과 존재감의 욕구를 드러낸다. 그러므로 기업은 소비자의 자기표현 욕구를 충족시켜주기 위해 다양한 SNS 프로모션과 이벤트를 제공해야 한다. 소비자의 관심을 유도한 후 소비자가 자연스럽게 브랜드 사용과 관련한 노출을 할 수 있는 플랫폼을 마련해주어야 한다. 온라인과 오프라인의 구별은 더 이상 불필요하다. 소비자가 관심을 가지고 스스로 참여하고, 반응을 보이고, 구전을 일으킬 수 있는 구심점을 제공하는 것이 마케터의 역할이다. 소비자는 브랜드와 소통하며 놀 공간, 그리고 다른 소비자들과 어울리고 놀 공간이 필요하다. 마케터는 모든 소비자 접점에서 소비자의 자발적 반응과 노출을 유도할 수 있는 공간과 아이디어를 제공해야 할 것이다.

SNS에서 소비자의 주의를 끄는 데 성공했다면 다음으로 그들의 적극적인 반응을 어떻게 유지시킬지가 중요하다. 소비자 반응을 지속·유지하기 위해서는 앞서 설명한 'SNS 전술 1에서 4까지'의 선순환 과정이 필요하다. 소비자의 자발적인 반응과 참여를 지속시키려면 기획 단계에서부터 아이디어 도출과 이를 바탕으로 한 실행이 중요하다. 마케팅 전략가 젠 고든(Jan Gordon)은 SNS 마케팅의 성공을 위한 아이디어를 제시했는데, 여기서는 이를 토대로 4가지 구체적이고 기술적인 방안을 제시하고자 한다.

• 첫째, 소비자의 반응을 일으키기 위해서는 마케팅 초기에 '광고에 대한 집중적 투자'가 필수적이다. 왜냐하면 제품 출시 초기나 마케팅 초기에 소비자가 기업의 SNS 플랫폼에 대해 알 수 있는 방법은 거의 없기 때문이다. 소비자의 반응을 유지하기 위해서는 어느 정도 다양한 광고와 IMC를 집행하고 이를 통해 바이럴 효과가 발생할 수 있는 추동력이 필요하다. 이 단계는 앞서 설명한 SNS 전술 1부터 4까지의 사전준비단계로 이해할 수 있다.

• 둘째, 소비자의 반응을 지속하고 유지하기 위해서 '적합한 SNS 플랫폼'을 선정해야 한다. 즉 콘텐츠를 어떤 SNS 플랫폼에 노출할지 고민해야 한다. 예를 들어, 페이스북이나 링크드인은 초기에 소비자의 관심을 유도할 수 있는 역할을 한다. 만약 시각적인 정보나 비주얼이 중요하다면 인스타그램이, 소비자와의 즉각적인 상호작용과 피드백이 중요하다면 트위터가 효과적일 것이다. 또 소비자가 받아들일 수 있다면 카카오톡 플러스 친구를 지속적 홍보 및 프로모션 차원에서 이용할 수 있다. 구체적으로, 특정 제품 구매 시 할인혜택이나

특가 프로모션을 제공하여 소비자의 지속적인 흥미와 관심을 끌 수 있다. 플러스 친구 채팅을 통해 브랜드와 고객이 실시간으로 커뮤니케이션할 수 있다는 점에서 브랜드 친숙성을 높일 수 있을 것이다. 요컨대 소비자의 기대나 요구사항에 맞는 SNS 플랫폼을 적절히 선정할 때 소비자의 요구를 정확히 파악하고 지속적인 반응을 유지할 수 있다. 이는 타깃 수용자 관련 다양한 SNS의 유형과 특성을 파악하는 〈SNS 전술 1〉과 조응한다.

- 셋째, 타깃층에 대한 철저한 이해를 위해 다양한 'SNS 분석툴'을 이용해야 한다. 앞에서 설명한 대로 목표소비자의 성향을 이해하고 그들의 목소리를 경청하기 위해서 다양한 애널리틱스 분석도구를 사용한 의사결정이 필요하다. 쉽게 설명하자면 어떤 사용자가 특정 웹사이트나 SNS를 방문하는지, 어떤 경로를 통해 방문하는지, 또 웹사이트에서 어떤 행동을 하는지 등에 관한 데이터를 분석하여 SNS 마케팅에 활용할 수 있다. 예를 들어, 구글 애널리틱스(Google analytics)와 같은 웹 로그 분석툴을 사용한다면 소비자의 체류시간, 전환율, 이탈률 등을 확인하고 이를 바탕으로 어떤 제품과 이벤트가 소비자의 관심을 끌었는지 파악할 수 있다. 최근 전통적인 전자상거래 업체와 숙박, 부동산 등 다양한 업체들이 온라인에 진출하면서 온라인과 오프라인의 경계가 급속도로 사라지고 있다. 따라서 SNS 분석툴을 사용한 보다 세밀한 접근이 필요하다. 이는 타깃 수용자의 니즈와 욕구에 관심을 갖고 경청해야 한다는 〈SNS 전술 2〉에 해당한다.

- 넷째, 양질의 콘텐츠를 소비자에게 지속적으로 노출해야 한다. 현재 좋아하는 브랜드와 관계를 맺고 있는 브랜드 충성자를 유지하되 새로운 소비자에게 브랜드 관련 콘텐츠를 접할 수 있게 하는 것이 중요하다. 이를 통해 제품군 비사용자(non-category user)나 경쟁사 및 타사 브랜드 소비자(other brand user)의

흥미를 끌고 브랜드 전환(brand switching)을 유도할 수 있다. 기술적 측면에서 몇 가지를 고려하자면 먼저 오래되고 흥미롭지 않은 콘텐츠는 과감히 삭제한다. 또한 유사한 내용의 콘텐츠를 여러 개 게재하기보다는 완성도가 높은 하나의 긴 콘텐츠로 만드는 편이 좋다. 이것이 어렵다면 비슷한 내용의 콘텐츠를 서로 연결하여 볼 수 있게 하고, 오래된 콘텐츠이지만 소비자 반응이 좋았던 것은 다양한 플랫폼과 미디어를 통해 재발행하는 것도 좋은 방법이다. 무엇보다도 소비자가 원하는 주제의 정보를 심도 있게 전달하는 것이 중요할 것이다. 요컨대 소비자가 관심과 흥미를 가질 수 있는 유용하고 흥미로운 콘텐츠를 꾸준히 게재하여 반응을 지속해야 한다. 이는 타깃 수용자에게 유용한 양질의 콘텐츠를 제공해야 한다는 〈SNS 전술 3〉 및 이를 통해 소비자의 자발적인 노출과 반응을 유도하는 〈SNS 전술 4〉와 상응한다고 볼 수 있다.

6 SNS 전술 6: 브랜드 개성을 강화하라

앞서 5장 페르마 마케팅의 '관여'에서 브랜드 개성에 대해 잠시 언급하였으나 여기에서 보다 자세히 살펴보도록 하자. 소비자는 왜 개성이 뚜렷한 브랜드를 선호할까? 고사성어 중에 비슷한 사람끼리 모인다는 '유유상종(類類相從)'이라는 말이 있다. 마찬가지로 소비자는 자신의 성격과 유사하거나 닮은 브랜드를 구매하는 경향이 있다. 또 자신을 브랜드와 비교하기를 좋아하고 그 브랜드가 자신의 콘셉트나 이미지와 일치하는가에 관심을 보인다. 이는 소비자들이 제품에 관한 정보를 처리하거나 구매할 때 브랜드가 상징적 의미의 신호를 보내기 때문이다. 소비자는 브랜드를 선택할 때 그 브랜드가 광고 등을 통해 제시하는 이미지가 어떤지, 사람들이 브랜드를 어떤 이미지로 수용하는지, 자신의 현재 이미지와 브랜드 이미지가 얼마나 일치하는지, 그 브랜드를 사용하는 다른 사람들의 이미지가 어떤지 등 다양한 차원의 이미지를 고려하게 된다.

　1941년 출시되어 오랜 세월 사랑받고 있는 M&M's 초콜릿은 광고를 통해 브랜드 이미지를 확고히 한 경우이다. M&M's는 미국 버지니아주 매클린(McLean)에 본사를 둔 제과회사 마스(Mars)의 주력 제품으로 M&M's의 가장 유명한 슬로건은 1949년 사용된 '당신의 입에서 녹지만, 손에서 녹지 않는 초콜릿(Melts in your mouth, not in your hand)'이다. 이는 세계 2차대전 당시에 군인들이 더운 날씨에도 녹지 않은 채로 가지고 다닐 수 있게끔 개발된 M&M's의 특징을 잘 보여주는 것이다.◆ 1995년 M&M's는 브랜드 재활성화 전략으로 BBDO 광고대행사와 함께 빨강, 노랑, 녹색, 파랑 등 다채로운 색상의 독특한 캐릭터로 초콜릿을 의인화한 광고를 만들어 큰 성공을 거두게 된다. 오늘날 많은 이들이 M&M's 초콜릿 하면 의인화한 캐릭터의 재미난 모습과 유쾌한 이미지를 떠올리는 것은 이때 형성된 활동적인 브랜드 이미지가 지속적으로 유지·강화되면서 M&M's의 개성으로 자리 잡았기 때문이다. M&M's는 의인화한 캐릭터를 활용하여 다양한 초콜릿 제품을 출시하고 캐릭터를 접목한 의류, 액세서리, 생활소품 상품을 선보이는 등 브랜드 정체성을 확고히 하는 활동을 계속해 오고 있다.

◆　Nieburg, O. (2016). Untold war stories: Mars and M&M's military history. (https://www.confectionerynews.com/Article/2016/11/10/Untold-war-stories-Mars-and-M-M-s-military-history)

세계 최대 배터리 제조업체 브랜드 에너자이저(Energizer) 역시 의인화한 토끼 캐릭터 '버니'로 브랜드 개성을 톡톡히 살린 경우이다. 1988년 처음으로 에너자이저 버니(Energizer Bunny)가 광고에 등장했는데, 흥미롭게도 이 토끼는 경쟁 배터리 브랜드인 듀라셀(Duracell)의 북 치는 토끼를 패러디한 것이었다. 이후 두 브랜드는 법적 소송을 벌이기도 했지만(1992년 판결로 북미 지역에서는 에너자이저 버니가 독점적 트레이드 사용권을 가지고, 그 외 국가에서는 듀라셀이 권리를 갖게 됨), 현재까지 각 브랜드를 드러내는 유쾌한 상징으로 사용되고 있다.

에너자이저는 버니 이외에도 건전지를 의인화한 '에너자이저맨'을 상징으로 사용한다. 한국에서는 '힘세고 오래 가는 건전지'라는 광고 문구와 함께 힘차게 운동을 하는 '백만돌이(이름 공모 이벤트를 통해 백만돌이로 불리게 됨)'의 모습을 담은 광고가 소비자들에게 재미를 불러일으키며 브랜드를 각인시키는 성과를 거두었다. 이처럼 브랜드를 표현하는 의인화한 캐릭터들은 소비자에게 우호적이면서도 차별화된 브랜드 개성을 전달하는 도구로 유용하게 활용된다.

브랜드 개성(brand personality)은 브랜드가 지닌 인간적 특질로 소비자는 브랜드의 인간적 특질을 통해 자신의 이미지를 표현하려는 경향이 있다. 브랜드 개성은 기업 입장에서 '브랜드 정체성'을, 소비자 입장에서는 '브랜드 이미지'를 구성하는 중요한 요인이다. 소비자는 특정 브랜드를 사용함으로써 얻을 수 있는 기능적인 가치 이외에(또는 그것을 넘어) 무형의 혜택인 '정서적 가치'를 고려한다. 따라서 비슷한 속성과 성능을 지닌 제품의 경우, 브랜드가 제공하는 부가적 가치가 있을 때 비교우위를 가지게 된다. 개성 있는 브랜드는 소비자들에게 브랜드에 대한 인간적인 친밀감과 유사성을 제공해 소비자의 관심을 끌 수 있는 것이다.

브랜드 마케팅의 권위자인 데이비드 아커는 브랜드 자산의 한 요소로 브랜드 이미지와 브랜드 개성을 연구하였다. 브랜드 개성은 기능적 특성과 달리 특정 브랜드가 지니는 상징적 의미나 자기표현적인 기능으로, 기업은 브랜드에 개성을 부여하고 소비자는 이러한 브랜드를 소비해 자신의 개성을 표현하게 된다. 데이비드 아커의 딸로 스탠포드대학교의 마케팅 교수이자 행동심리학자인 제니퍼 아커가 개발한 '빅 파이브(Big Five)' 개성 요인은 브랜드 개성의 차원을 보여주는 대표적인 예다. 미국에서 개발된 빅 파이브는 가장 미국적인 성격을 대표한다고 볼 수 있다. 빅 파이브는 총 114개의 개성 요인을 제시한 후 브랜드를 가장 잘 표현하는 요인을 5개 차원으로 추출하였다.

빅 파이브 개성 요인

성실함 (sincerity)	현실적인, 정직한, 건전한, 생기 있는
흥분 (excitement)	대담한, 최신의, 상상력이 풍부한, 활발한
능력 (competence)	신뢰할 만한, 지적인, 성공 지향적인
세련됨 (sophistication)	상류층의, 매력적인
강인함 (ruggedness)	외향적인, 거친

특히나 소비자가 사적으로 사용하는 브랜드라면 브랜드 개성과 자아 이미지의 유사성을 더욱 고려하고 유사성이 높을 경우 브랜드에 대한 태도도 좋아진다. 여기서 자아 이미지(self-image)는 개인이 스스로 깨닫는 자신의 모습이라고 할 수 있다. 그렇다면 자아 이미지는 항상 고정되어 있을까? 그렇지 않다. 자아 이미지는 자신에 대한 다차원적인 지각으로 상황에 따라 유동적이다. 예를 들어, 직장에서는 과묵하지만 가정에서는 다정다감하고 살가운 남성 직원이 있다고 가정하자. 원래 나긋한 성격이지만 사회적 상황이나 위치에 따라 외부로 비춰지는 이미지를 선별하여 포장할 수 있다. 개인의 이미지는 진정한 자아(real 또는 actual-self)일 수도 있지만 이상적 자아(ideal-self)를 표출하는 이미지일 수도 있다. 진정한 자아는 개인 스스로가 현재 경험하는 자신의 모습이라면 이상적 자아는 미래에 추구하는 바람직한 자신의 모습인데, 특히 진정한 자아와 브랜드 성격이 유사할수록 브랜드에 대한 애착과 충성도가 더 높아지기 마련이다. 그러나 소비자가 현재 진정한 자아에 불만족한다면 브랜드를 사용하여 이상적 자아와의 간극을 메꾸고자 노력할 것이다.

그렇다면 이상적 자아를 추구하는 모든 소비자가 브랜드 개성을 고려해 특정 브랜드를 구입하는 것일까? 여기서 우리는 개인이 가지고 있는 내적 변인인 '자아존중감(self-esteem)'을 생각해보아야 한다. 진정한 자아를 포용하고 아껴주는 소비자는 스스로에 대한 믿음과 신뢰 그리고 자아존중감이 높을 것이다. 반면 진정한 자아를 보듬고 아끼지 않는 소비자는 자기비난(self-blame)이나 자기부정(self-denial)에 빠지거나 스스로 무가치하게 여길 가능성이 높다. 기존 연구들을 살펴보면[◆] 자아존중감이 낮은 사람이 높은 사람과 비교했을 때 이상적 자아를 구현해줄 브랜드를 더욱 찾는 것으로 밝혀졌다. 자아존중감이 낮을수록 명품 브랜드 등 외재적 단서에 과도한 주의를 기울이고 이를 통해 자기가치감(self-worth)을 보호하고자 한다. 이런 면에서 요즘같이 SNS를 통해 과시적 자기표현을 하는 사람들은 심리적으로 불안정할 가능성이 높다. 브랜드 소비를 통해 끊임없이 타인의 '좋아요'나 '댓글' 또는 '공유하기'를 받아야만 자신의 존재감을 확인하고 심리적 만족감을 느낄 수 있다. 마케터가 소비자의 자기가치감이나 자아존중감의 수준을 단시간에 변화시키기 어렵다는 점에서 이들 내적 변인은 주어진 상수로 고려해야 할 것이다. 다만 브랜드 개성을 통해 소비자에게 일시적이나마 자기표현의 욕구를 충족시키고 위로와 만족감을 줄 수 있을 것이다.

◆ 브랜드 개성, 브랜드-자아 일치성(brand personality congruity), 브랜드-사용자 이미지 일치성(brand user-imagery based congruity), 자아존중감 등이 브랜드에 미치는 영향에 대해 더 깊은 관심이 있다면 아래 논문을 참조하길 바란다.

Goldsmith, R. E., & Goldsmith, E. B. (2012). Brand personality and brand engagement. *American Journal of Management*, 12(1), 11-20; Lee, J. K., Hansen, S. S., & Lee, S. Y. (2018). The effect of brand personality self-congruity on brand engagement and purchase intention: The moderating role of self-esteem in Facebook. *Current Psychology*, 1-13; Parker, B. T. (2009). A comparison of brand personality and brand user-imagery congruence. *Journal of Consumer Marketing*, 26(3), 175-184; Swaminathan, V., Stilley, K. M., & Ahluwalia, R. (2008). When brand personality matters: The moderating role of attachment styles. *Journal of Consumer Research*, 35(6), 985-1002; Wallace, E., Buil, I., & de Chernatony, L. (2014). Consumer engagement with self-expressive brands: Brand love and WOM outcomes. *Journal of Product & Brand Management*, 23(1), 33-42.

공동브랜딩(co-branding)은 둘 이상의 브랜드가 서로의 속성을 결합해 새로운 제품이나 서비스를 제공하는 협력적 파트너십을 말한다. 브랜드제휴(brand alliance), 요소브랜딩(ingredient branding), 공동마케팅(co-marketing), 교차프로모션(cross-promotion), 조인트브랜딩(joint branding), 상생마케팅(symbiotic marketing) 등 다양한 용어로 일컬어진다. 공동브랜딩 수행 시 각 브랜드는 고유의 정체성을 유지하면서 다른 브랜드와 동일한 수준과 차원에서 협력하여 서로의 약점을 보완해주고 장점을 극대화한다. 이러한 공동브랜딩은 오프라인을 넘어 SNS에서 브랜드 간 시너지 효과를 일으킬 수 있는 성공적인 협업모델이다. '인텔 인사이드(Intel Inside)' 캠페인으로 잘 알려진 반도체 기업 인텔(Intel)은 자사의 CPU를 제품에 탑재한 PC나 노트북 제조사가 인텔의 브랜드 로고 스티커를 제품에 부착하면 마케팅·홍보 비용을 지원하는 공동브랜딩 활동을 했다. 이를 통해 PC와 노트북 제조사는 마케팅·홍보 비용을 절감하고 인텔은 'CPU는 인텔이다'라는 강력한 메시지를 소비자에게 각인시키는 효과를 얻었다.

국내의 경우 2017년 소비자들이 자신만의 방식으로 기존 제품을 재창조하는 모디슈머 열풍이 불었다. 이에 신세계푸드와 농심은 양 사의 신제품 '올반 육즙가득 짬뽕군만두'와 '굴소스 볶음면'을 함께 먹는 다양한 조리법을 담은 영상을 제작해 홍보 활동을 벌였다. 또 전국 이마트 주요 매장에서 두 제품을 동시에 구매하는 고객을 대상으로 무료 증정 및 시식행사 이벤트를 벌여 큰 호응을 얻었다. 또 다른 국내 공동브랜딩 예로는 동화제약 활명수를 들 수 있다. 1897년 궁중선전관인 민병호 선생이 개발한 우리나라 최초 양약인 활명수는 1990년대부터 '부채표가 없는 것은 활명수가 아닙니다'라는 부채표 캠페인을 통해 소비자 인지도를 증가시켰다. 오랜 시간 업계 1위의 자리를 지키며 사랑받고 있는 이유는 소비자들과 지속적으로 소통하며 변화를 추구하는 데서 찾을 수 있다. 기능별, 세대별로 제품을 차별화해 까스활명수, 미인활명수, 꼬마활명수 등을 생산하고 있으며 매년 색다른 콜라보레이션을 통해 기념판을 만들어 소비자들에게 친근하게 다가가고 있다. 특히 젊은 소비층 확대를 위한 마케팅 활동을 이어가고 있는데, 2016년 카카오프렌즈의 인기캐릭터를 활용한 기념판을 출시했으며 2017년에는 인기 힙합음악 프로그램인 〈쇼미더머니〉와 협업해 기념판을 선보였다.

한편 오프라인뿐만 아니라 온라인에서도 브랜드 간 협업 활동이 활발해지고 있다. 2030 세대 필수 앱인 기업평가 소셜 미디어 '잡플래닛', 전월세 부동산 정보 서비스 '직방', 음악 스트리밍 서비스 '비트'는 블로그, 페이스북, 인스타그램 등의 SNS를 활용해 서로의 앱을 공동으로 홍보하고 있다.

2018년 패션 브랜드 게스(GUESS)와 콜라보이션해 선보인 활명수 121주년 기념판. 제약업계와 패션업계가 최초로 이룬 협업 프로젝트로 기록되었다.

위의 사례와 같이 새로운 속성과 물질적, 심리적 혜택을 제공하는 파트너 브랜드와 제휴하여 기능적 혹은 심미적으로 향상된 품질을 제공할 수도 있지만 나아가 제3의 새로운 제품군을 개발할 수도 있다. 필립스(Phillips)가 1998년 생활용품 니베아(Nivea)와 함께 출시한 '쿨 스킨'은 건식과 습식의 장점을 모아 전기면도기이면서 면도용 크림을 발라주는 제3의 면도방식을 제시하였다.

요컨대 공동브랜딩을 통해 소비자에게 기능적, 심리적 혜택을 제공하고 파트너 브랜드의 우호적 태도, 연상, 이미지, 감정, 인지도, 경험 등 브랜드 자산(brand equity)의 전이효과(spill-over effect)를 기대할 수 있다. 이뿐만 아니라 공동브랜딩은 데이비드 아커가 제시한 브랜드 자산을 극대화시킬 수 있다. 즉, 특정 브랜드를 소비자가 더욱 쉽게 재인(recognition) 및 회상(recall)하여 브랜드 인지도(brand awareness)를 높일 수 있다. 또한 소비자는 특정 브랜드에 대해 긍정적인 브랜드 연상(brand associations)을 하게 되고, 높은 지각된 품질(perceived quality)과 브랜드 충성도(brand loyalty)를 가질 수 있게 된다.

성공적인 공동브랜딩을 위한 여러 전제조건이 있으나 여기서는 제품군 적합성(product fit)과 브랜드 적합성(brand fit) 2가지만 살펴보자.

• 제품군 적합성: 우유와 시리얼처럼 기능적 차원에서 두 제품이 얼마나 보완적인 관계에 있는지를 의미한다. 즉, 둘 이상 구성브랜드 제품군이 서로 기능적으로 연결될 경우 소비자는 브랜드 조합을 쉽게 이해하고 수용하며 높이 평가할 수 있다. 예를 들어, BMW 7시리즈와 바우어스 앤 윌킨스(Bowers & Wilkins) 다이아몬드 서라운드 시스템의 조합을 들 수 있다.

• 브랜드 적합성: 제품의 기능적 유사성을 넘어 제품의 품질, 브랜드 이미지, 추상적 의미, 혹은 제휴브랜드 간 혜택의 유사성 등과 관련된 일관성을 의미한다. 브랜드에 관한 연상이 유사하고 일관성이 높을 때 소비자는 제품 구매

에 따른 불확실성과 지각된 위험을 덜 느끼고 브랜드 가치와 신뢰성을 높게 평가한다. 예를 들어, 브라이틀링(Breitling) 손목시계와 럭셔리 세단 벤틀리(Bentley)의 공동브랜딩을 들 수 있다.

소비자들은 공동브랜딩을 평가할 때 두 제품군 간의 관계를 체계적으로 정리하고자 한다. 즉 소비자는 무의식적인 차원에서 동질적 대상과 이질적 대상을 서로 다른 방식으로 분류하는 경향이 있다. 어떤 제품에 대한 정보가 기존 지식체계의 연장선상에서 쉽게 분류되면 '카테고리별 정보처리과정(categorical information processing)'을 거친다. 앞서 언급한 제품군인 우유와 시리얼은 보통 아침 대용으로 함께 사용된다는 점에서 쉽게 연결된다. 비슷한 예로, 현대오일뱅크는 '진짜 기름을 넣는 곳에서 진짜 기름을 나눠준다'는 기획의도 아래 2019년 4월 '리얼오일 페스티벌'을 진행했다. 주유소 이용고객에게 즉석 추첨을 통해 CJ제일제당의 백설 100% 통참깨 참기름을 증정했는데, 자동차와 참기름의 연결고리에 착안한 캠페인으로 이해할 수 있다. 이와 달리 제품의 새로운 정보가 기존의 지식체계와 일치하지 않으면, 세부 속성의 분석적 평가를 통해 '점진적 정보처리과정(piecemeal information processing)'을 거치게 된다. 예를 들어, 멕시칸 패스트푸드인 타코벨(Taco Bell)과 명품 스위스 시계 롤렉스(Rolex)의 브랜드 이미지 조합은 상상만 하더라도 관련성이 없고 어울려 보이지 않는다.

공동브랜딩의 수준과 유형은 상당히 다양하고 폭넓다. 앞서 설명한 대로 공동브랜딩을 통해 둘 이상의 브랜드가 협력하여 기존의 제품을 향상시키거나 완전히 새로운 제3의 브랜드를 출시할 수도 있다. 공동브랜딩은 보다 큰 틀에서 스폰서십(sponsorship)이나 인수합병(Mergers & Acquisitions, M&A)을 의미한다고 볼 수도 있다. 한편 제품 자체나 기업 수준의 결합이 아니라 순수한 프로모션 차원의 협력일 수도 있다. 이처럼 다양한 유형의 공동브랜딩이 존재하지만, 상생을 위한 공동브랜딩은 소비자가 좋아하는 둘 이상의 브랜드 간 협력관계를 통해 상호 이익을 극대화할 수 있는 윈윈전략이며, 둘 이상의 브랜드를 동시에 사용함으로써 소비자의 만족감은 배가될 수 있다.

8 SNS 전술 8: 통합적 마케팅 커뮤니케이션을 이용하라 ▾

마지막 여덟 번째 SNS 전술로, 소비자의 목소리를 경청하고 유용한 콘텐츠와 메시지를 제공하기 위해서는 전략적 접근이 필요하다. 지금까지 앞에서 조명한 SNS 채널은 거시적 차원에서 통합적 마케팅 커뮤니케이션의 한 채널로 이해할 수 있다. SNS 플랫폼이 중심이 되지만 보다 성공적인 SNS 마케팅을 위해서는 이외의 커뮤니케이션 채널의 협조와 지원이 필요하다.

성공적인 통합적 마케팅 커뮤니케이션을 위한 2가지 기본 요건은 다음과 같다.

- 첫째, 크리에이티브 차원에서 설득력 있고 공감하기 쉬운 메시지를 개발해야 한다.
- 둘째, 다양한 매체를 통해 소비자에게 일관된 브랜드 메시지를 전달해야 한다.

그렇다면 어떻게 크리에이티브 전략 차원에서 효과적인 메시지를 개발할 수 있을까? 또 브랜드 관련 메시지를 어떤 채널을 통해 어떻게 소비자들에게 전달할 수 있을까? 이에 관해 자세히 살펴보자.

먼저, 첫 번째 기본 요건으로 효과적인 콘텐츠와 메시지 개발을 위해 필자는 '통합적 메시지 개발 모델(Integrative Message Development Model, IMDM)'을 제안하고자 한다. 이 모델은 기존의 널리 알려진 로시터-퍼시 격자(Rossiter-Percy Grid)와 FCB 모델(Foote, Cone & Belding Model)의 특징을 상호 보완해 개발한 모델이다.

덴마크 코펜하겐 비즈니스 스쿨(Copenhagen Business School) 마케팅 교수인 래리 퍼시(Larry Percy)는 제품 관여도(저관여 vs. 고관여)와 소비자 동기 유형(긍정적 vs. 부정적)의 수준에 따라 4가지 효과적인 크리에이티브 전략을 개발할 수 있는 '로시터-퍼시 격자'를 제시하였다. 제품 관여도(product involvement)란 제품이나 서비스를 구매할 때 구입에 따른 결과나 중요성을 말한다. 한편 동기(motives)는 긍정적 동기(positive motives 또는 transformational motives)와 부정적 동기(negative motives 또는 informational motives)로 구분할 수 있다. 긍정적 동기는 주로 소비자의 감각적 만족(sensory gratification), 지적 자극(intellectual stimulation), 또는 사회적 승인(social approval) 욕구로 비롯된다. 반면 부정적 동기는 소비자가 당면한 문제 해결 또는 제거(problem removal), 문제 회피(problem avoidance), 미충족된 욕구(incomplete satisfaction) 충족과 관련된 동기다. 퍼시는 이와 같이 서로 다른 관여도와 동기의 차이에 따라 메시지를 개발해야 한다고 했다. 예를 들어, 게보린은 두통이나 치통 등 통증을 완화하는 것이 주요한 혜택인 저관여 제품으로 소비자는 문제 해결을 위한 부정적 동기를 가지고 이를 구매할 것이다.

한편, 다국적 광고대행사인 FCB가 1980년 제시한 FCB 모델은 퍼시의 모델과 같이 제품 관여도를 공통 요인으로 보고 있으나 두뇌 세분화 이론*에 따라 '이성(thinking)'과 '감성(feeling)'의 축 또는 제품군을 제시했다. 같은 예로 게보린은 저관여 제품이자 이성적 차원의 제품으로 볼 수 있다. 그러나 모든 제품의 차원이 이렇게 명확히 구분되는 것은 아니며 내재된 심층적 동기에 대한 이해가 필요하다. 예를 들어, 기존 FCB 모델은 패밀리세단을 고관여, 이성적 제품으로 보았는데 이와 동시에 로시터-퍼시 격자를 적용해보면 다음과 같이 설명할 수 있다. 같은 패밀리세단이라도 실용성을 겸비한 경제적 이동수단이 필요해 구입했다면 이는 고관여, 이성적 제품이지만 이동수단의 문제 해결을 위한 부정적 동기가 반영된 것이다. 그러나 자신의 개성을 표현하기 위한 욕구가 반영되었다면 이는 고관여, 이성적 제품이지만 긍정적 동기로 구매했다고 볼 수 있다.

종합해보면, FCB 모델을 통해 제품 관여도와 제품 유형을 구분할 수 있지만 소비자가 어떤 동기로 제품을 구매했는지, 어떤 동기가 좀 더 비중 있게 고려되었는지 설명하기는 어렵다. 따라서 이 두 모델의 강약점을 상호 보완한 통합적 메시지 개발 모델(IMDM)은 제품 관여도와 유형의 관계뿐만 아니라 소비자의 심층적인 구매동기를 고려함으로써 효과적인 메시지를 개발하는 데 유용한 틀을 제공해줄 것이다.

◆ 1970년대부터 1980년대까지 활발하게 논의된 두뇌 세분화 이론은 '소비자는 광고 메시지를 어떻게 인지하는가?'에 대한 문제의식을 가지고 생리해부학적으로 좌뇌와 우뇌의 차별적 기능을 설명하는 이론이다. 이 이론에 따르면 좌뇌는 논리적·분석적 언어 및 사고 기능을 관장하는 반면, 우뇌는 직관적·현상적·종합적·감성적 판단에 관여한다. 그러므로 메시지 개발 전략 차원에서 이성적 소비자의 경우 좌뇌를 활성화시키기 위해 구체적인 제품 혜택을 강조하여 논리적으로 설득하는 것이 효과적일 것이다. 대조적으로 감성적 소비자의 경우에는 우뇌를 자극하기 위해 시각적·비언어적·감성적·정서적 소구가 더욱 효과적임을 알 수 있다. 즉 좌뇌는 하드셀(hard-sell)에 적합한 반면, 우뇌는 소프트셀(soft-sell)에 적합하다. 그러나 완전하게 이성적이거나 감성적인 광고가 존재하지 않듯이 정보처리과정에서 좌뇌와 우뇌의 기능이 뚜렷하게 분리되는 것은 아니며, 동시에 통합적으로 작용한다는 비판 역시 제기되고 있다.

통합적 메시지 개발 모델(Integrative Message Development Model, IMDM)

관여도	제품군	부정적 동기	긍정적 동기
고관여	이성	정보적, 인지-감정-행동 예) 자동차, 가구, 냉장고, 주택	
	감성	감성적, 감정-인지-행동 예) 의류, 화장품, 보석, 오토바이	
저관여	이성	습관적, 행동-인지-감정 예) 식료품, 생필품	
	감성	자기만족적, 행동-감정-인지 예) 술, 담배, 아이스크림	

성공적인 통합적 마케팅 커뮤니케이션을 달성하기 위한 두 번째 기본 요건으로, 브랜드 관련 메시지를 어떤 채널을 통해 소비자에게 전달할 것인지에 대한 논의가 필요하다. IMDM을 토대로 많은 이들이 공감할 수 있는 설득력 높은 메시지를 개발했다 하더라도 소비자에게 전달되지 않는다면 소용이 없다. 따라서 기업(브랜드)은 메시지 전달의 채널 차원에서 ATL(Above The Line)과 BTL(Below The Line)을 통합한 전방위적이고 입체적인 TTL(Through The Line) 채널로 통합적 마케팅 커뮤니케이션을 지향해야 한다.◆ 예를 들어, 국내 저가항공사인 제주항공은 소비자와의 소통을 위해 뉴미디어, 이벤트 마케팅, 브랜디드 콘텐츠 등 다양한 채널을 효율적으로 사용하고 있다. 최근에는 유튜브

◆　ATL은 TV, 라디오, 신문, 잡지, SNS 등 매스미디어를 활용한 거시적인 광고 채널로 다수의 소비자를 대상으로 한다. 광고 제작이나 집행 시 큰 비용이 들며 대중을 상대로 하는 만큼 제약이 많이 따른다. 반면 BTL은 전단지, 팸플릿, 옥외광고, 버스나 지하철 광고, 홍보 물품 등을 활용한 광고 채널로 특정 규모의 사람들을 대상으로 한다. ATL에 비해 상대적으로 적은 비용이 들고 직접 구매로 이어질 수 있다는 장점도 지닌다. TTL은 소셜 미디어의 등장으로 나타난 개념으로, ATL과 BTL을 모두 활용하여 효과적으로 브랜드나 제품을 알리는 커뮤니케이션 활동을 말한다. 소셜 미디어, 동영상 광고, 디스플레이 배너 등을 예로 들 수 있다.

스타로 BBC 뉴스에 소개된 박막례 할머니가 출연한 '봄날의 제주도에서 손녀 찾기 대작전 with 제주항공' 영상이 유튜브 등 SNS에서 큰 호응을 불러일으켰다. 또한 여행 팁, 감동적인 영상, 제주항공 안내, 힐링여행, 빅모델 프로모션 영상 등 다양한 채널을 통해 소비자와 소통하며 공감대를 넓히고 있다.

오늘날에는 특히 일인미디어와 MCN(Multi-Channel Networks) 등 매체가 다원화되면서 더 이상 전통적인 매스미디어는 과거와 같은 독점적 지위와 영향력을 누리기 어렵게 되었다. 소비자의 관심과 흥미를 불러일으킬 수 있는 콘텐츠를 통해 소비자들을 유도하고 자발적인 참여와 구전을 만들어내야 한다. 소비자는 뇌리에 남는 임팩트 있는 메시지를 기억할 뿐 어떤 채널을 통해 정보를 습득했는지 무관심하다. 따라서 소비자와 접점(contact point)을 넓히기 위한 옴니채널(omni-channel)◆ 전략이 필요하다. 이를 위해 특정 매체에 의존하기보다는 소비자와의 접점에 있는 모든 온오프라인 매체와 자원을 활용하여 진정성 있고 감동을 줄 수 있는 커뮤니케이션을 해야 할 것이다.

이번 장에서는 성공적인 페르마 마케팅을 위한 8가지 SNS 전술에 대해 살펴보았다. 요약하자면, 기업과 브랜드는 SNS 유형과 특성을 파악하고 소비자의 목소리를 경청해 그들에게 유용한 콘텐츠를 제공해야 할 것이다. 이를 통해 소비자의 자발적 노출과 반응을 유도하고 이를 지속시킬 수 있을 것이다. 한편, 브랜드 전략 차원에서 브랜드 개성과 공동브랜딩을 활용할 수 있을 것이다. 무엇보다, IMDM을 토대로 소비자가 공감할 수 있는 메시지를 개발해 전방위적, 입체적 IMC를 실행할 때 소비자 행복 충족을 위한 목표를 달성할 수 있을 것이다.

◆ 옴니채널이란 '모든'이라는 의미의 접두사 옴니(omni-)와 유통경로를 뜻하는 채널(channel)의 합성어로 소비자가 온라인, 오프라인, 모바일 등 다양한 유통경로를 넘나들며 상품을 찾고 구매할 수 있도록 하는 서비스를 말한다.

쿠팡은 배송기사(쿠팡맨)가 고객에게 물품 배송을 알리는 사진과 친절한 문자메시지를 남기는 서비스를 지속적으로 수행해 많은 소비자들의 호응을 얻었다. 이처럼 소비자에게 잔잔한 감동과 행복을 제공하는 것이 통합적 마케팅 커뮤니케이션의 목표라 할 수 있다.

Q

과도한 SNS 사용은 소비자 행복감에 부정적 영향을 미칠 수 있다. SNS가 제공하는 편리성에도 불구하고 근래 들어 SNS에 대해 부정적 인식을 갖고 회피하려는 사람들도 늘어나는 추세다. 예를 들면, SNS상에서 피상적으로 맺은 관계에 신경 쓰느라 정작 실생활에서 중요하게 가꾸어나가야 할 인간관계에 소홀해지고 어려움을 겪게 되는 이들이 적지 않다. 또 SNS 상에 돌아다니는 멋진 풍경의 해외관광지, 근사한 레스토랑의 음식 등을 담은 사진들은 의도하지 않게 사람들에게 상대적 박탈감을 안겨주고 자칫 비교·경쟁 심리에 시달리게 한다. SNS는 마케터에게 소비자와 소통하고 교감할 수 있는 중요한 접점이자 창구이다. 그런데 소비자 행복을 증진하고 만족감을 주기 위한 마케팅 활동이 오히려 소비자에게 독이 될 수도 있다. 이번 장에서는 과도한 SNS 이용이 소비자의 행복감에 어떤 부정적인 영향을 미칠 수 있는지 살펴보고자 한다.

chapter 07

지나친 SNS 사용의 부작용

SNS는 우리의 생활 속에 깊숙이 자리 잡아 이제 SNS가 없는 삶은 상상하기도 어려워졌다. 특히 스마트폰, 태블릿 PC 등 모바일 기기의 급속한 저변화로 우리는 언제 어디서나 자유롭게 SNS가 주는 혜택을 누릴 수 있게 되었다. 또한 필요에 따라 서로 더욱 밀착하게 되었고 관계를 형성하고 유지하는 것이 한결 편리해졌다. 연락처를 핸드폰에 저장하면 바로 카톡과 같은 모바일 메신저의 친구로 뜨니 누구나 쉽게 여러 사람과 온라인상에서 소통하고 관계를 맺을 수 있다. 이처럼 SNS 사용은 인간관계의 확장과 소통의 편리성 등 여러 가지 긍정적 기능이 있다. 그러나 너무 많은 관계의 형성과 확장으로 그 관계를 유지하고 정보를 처리하는 데 필요 이상의 시간과 에너지를 소모하고 현실 생활에 부정적 영향을 받는 경우도 있다.

SNS는 페르마 마케팅의 주요한 소통 채널로 소비자의 행복감을 증진시켜야 한다는 당위론적 주장에도 불구하고 과도한 SNS 사용은 소비자 행복감에 부정적 영향을 미칠 수 있다. 근래 들어 SNS에 대해 부정적 인식을 갖고 회피하려는 사람들도 늘어나는 추세다. 예를 들면, SNS상에서 피상적으로 맺은 관계에 신경 쓰느라 정작 실생활에서 중요하게 가꾸어나가야 할 인간관계에 소홀해지고 어려움을 겪게 되는 이들이 적지 않다. 또 SNS상에 돌아다니는 멋진 풍경의 해외관광지, 근사한 레스토랑의 음식, 명품 수입 의류나 차량, 핏한 몸매나 스타일 등을 담은 사진들은 의도하지 않게 사람들에게 상대적 박탈감을 안겨주고 자칫 비교·경쟁 심리에 시달리게 한다.

SNS는 마케터에게 소비자와 소통하고 교감할 수 있는 중요한 접점이자 창구이다. 그런데 소비자 행복을 증진하고 만족감을 주기 위한 마케팅 활동이 오히려 소비자에게 독이 될 수도 있다. 이번 장에서는 과도한 SNS 이용이 소비자의 행복감에 어떤 부정적인 영향을 미칠 수 있는지 살펴보고자 한다.

2011년 맨체스터 유나이티드(Manchester United) 감독이던 알렉스 퍼거슨(Alex Ferguson)은 당시 포워드 웨인 루니(Wayne Rooney)가 트위터의 한 팔로워와 논쟁한 것을 두고 '트위터는 인생의 시간 낭비'라고 충고하였다. SNS 이용이 확산되고 가속화되면서 불필요한 정보 공유와 사생활 침해에 대한 우려가 커지고 있으며 그에 따른 피로감을 호소하는 이들이 증가하고 있다. SNS 이용에 따른 피로감 증대는 2가지 측면에서 살펴볼 수 있다.

• 첫 번째, 디지털 기기의 복잡성이나 커뮤니케이션의 과부하에 따른 테크노스트레스(technostress)가 SNS 이용의 피로감을 증대시킨다. 연세대학교 바른 ICT연구소는 정보 과부하, 커뮤니케이션 과부화, 시스템 특성 과부화가 SNS 피로도에 지대한 영향을 미친다는 조사 결과를 발표하였다. 정보 과부하(information overload)는 SNS 이용자가 개인의 정보처리능력을 초과해 지나치게 많은 정보에 노출되는 것을 말한다. 커뮤니케이션 과부하(communication overload)란 SNS에서 과도한 커뮤니케이션으로 사용자의 현재 주요 작업이 방해받는 것을 말한다. 그리고 시스템 특성 과부하(system feature overload)는 기술적 측면에서 SNS에서 제공되는 기능적 특성이 지나쳐 사용자의 지각된 이득보다 손실이 더 많다고 인지하는 것을 말한다.

• 두 번째, 테크노스트레스를 넘어 SNS를 통해 인간관계를 형성하고 유지하는 과정 속에 발생하는 심리적, 정신적 부담감이 SNS 이용에 따른 피로감을 증대시킨다. 엠브레인 트렌드모니터가 전국 만 19-59세 성인 2000명을 대상으로 실시한 설문 결과, SNS의 영향력이 확대되고 있으나 실제로 SNS를 적극

적으로 이용하는 사람들은 줄어드는 것으로 밝혀졌다. 예전보다 SNS 이용이 증가했다는 응답자(20.5%)보다 감소했다는 응답자(33%)가 더 많은 것으로 나타났다. 주목할 점은 10명 중 3명꼴로 SNS를 관리하는 데 너무 많은 시간과 노력이 들어 SNS 피로증후군을 느낀다고 답하였다. 피로증후군을 느낀 사람들의 답변을 구체적으로 살펴보면, 별다른 실속 없이 SNS 관리에 너무 많은 시간과 노력을 들여서(40.9%), 너무 많은 정보 때문에 피곤함을 느껴서(33.0%), 자랑하듯 부러움을 살 만한 정보를 올리는 사람들의 모습에 짜증이 나서(32.1%), 원하지 않는 관계 형성에 부담감이 생겨서(31.9%), 상대적 박탈감을 느껴서(28.6%), 사생활이 너무 불특정 다수에게 노출되는 것이 싫어서(26.1%) 등으로 나타났다.

물론 SNS 이용의 피로도는 개인적 성향이나 미디어로서 SNS의 특성에 대한 인식 등에 따라 상이하다. 예를 들어, 외향적, 사회적 성향이 높고 주위와 교류가 활발한 사람은 SNS를 주요한 사교 수단으로 생각하기에 상대적으로 피로감을 적게 느낄 것이다. 반면 내향적인 사람은 상대적으로 피로감을 많이 느낄 것이다. 또한 피로감은 SNS상의 인간관계의 폭과 깊이에 따라 차이가 나며 SNS 종류에 따라서도 차이가 날 것이다. 가령 관계 중심의 페이스북을 사용하는 이용자가 유튜브 이용자에 비해 상대적으로 피로감을 더 심하게 느낄 수 있다.

평판이란 복잡한 사회관계 속에서 자신의 장점을 상대에게 전달하고 타인보다 비교우위를 차지해 자신의 가치를 높이는 과정이다. SNS가 대중화되고 타인과의 지속적 관계 형성과 유지가 중시되는 오늘날, 자신과 타인에 대한 '평판 관리 (reputation management)'는 매우 중요하다. 평판이라는 용어는 기업이나 브랜드 차원에서 많이 연구되고 있으나 여기서는 개인적 수준으로 한정지어 논의하고자 한다. 사람들은 SNS에서 자신이 남들에게 어떻게 비춰질지, 어떻게 평가될지, 어떻게 인정받을 수 있을지 신경 쓰고 정신적 압박에 시달리게 된다. 이러한 현상은 특히나 SNS 사용량과 의존도가 높아질수록 더 커지기 마련이다. 서울시가 SNS 사용자를 대상으로 이용 동기를 조사한 결과 친교 및 교제(85.7%)라고 답한 비율이 가장 높았는데, 이는 사람들이 SNS상에서 자연스럽게 서로의 언행에 대한 평가를 주고받음을 의미한다. 인간은 본래 사회적 동물이며 타인과 지속적으로 관계를 맺어나간다는 점에서 평판은 자신의 정체성이나 사회적 존재감을 나타내는 준거다.

기업들도 지속적인 평판을 모니터링하고 관리하듯이 소비자들도 타인의 인식이나 평가에 신경 쓰지 않을 수가 없다. 전 세계적으로 성공한 미국의 운송 네트워크 회사인 우버(Uber)의 트래비스 캘러닉(Travis Kalanick) 전 CEO는 2017년 우버 운전기사와의 언쟁, 성추행 등 연이은 추문으로 CEO 자리에서 물러났다. SNS를 통한 수평적 커뮤니케이션으로 이제 기업, 공인, 정치인, 유명인뿐만 아니라 SNS를 이용하는 모든 사람이 자신의 평판을 주시하고 관리해야 하는 부담감에서 자유롭지 못하다. 익히 알고 있듯이 대부분의 기업 인사팀이 SNS를 통해 구직자의 평판을 파악한다. 미국 직업정보 기업 커리어빌더(Career Builder)가 2017년 초 전국 단위 설문을 실시한 결과, 미국 기업들의 SNS 검열 비율은 2006년 11%에서 2017년 70%로 약 7배 상승했으며 인사담당자의 54%는 지원자의 SNS 정보를 보고 탈락시켰다고 답했다. 또한 고용주 절반 이상이 직원의 SNS 프로파일을 확인하고 3분의 1이 적절하지 않은 콘텐츠를 올린다는 이유로 직원을 나무라거나 해고한 적이 있다고 답했다.

일례로, 홍콩의 신용 기업 렌도(Lenddo)는 SNS를 통해 고객의 신용도를 평가하고 대출 여부를 결정한다. 대출자가 개인정보 제공에 동의하면 렌도는 바로 페이스북을 통해 친구 목록, 결혼 여부, 학력, 경력 등을 종합적으로 고려해 사회적 신용 점수(social credit score)를 계산한다. 페이스북 친구의 신용도에 따라 자신의 평판이 좌우되는 세상이 도래한 것이다. 온라인 평판 및 개인정보 관리 기업인 레퓨테이션닷컴(Reputation.com)의 설립자 마이클 퍼틱(Michael Fertik)은 그의 저서 《디지털 평판이 부를 결정한다(The Reputation Economy)》에서 "평판은 통화(currency)이며 마치 기업의 대차대조표이자 지갑 속의 현금과도 같다"고 하였다.

온라인 공간 여기저기와 SNS에 떠다니는 개인 정보가 평판을 형성하는 데 이용된다는 점은 사람들의 심리적 행복감을 감소시킨다. 오프라인에서 보여지는 자신의 모습만큼 중요한 것이 온라인과 SNS상의 평판이다. 온라인상에 남아 있는 개인의 이미지, 오래된 정보나 기록은 언제나 타인에게 평가의 근거로 사용될 수 있다. 문제는 이러한 온라인상의 정보가 오랜 시간이 지나거나 당사자가 사망하여도 소멸되지 않는다는 것이다. 오죽하면 디지털 장의사(또는 온라인 장의사)라는 신종 직업이 등장했을까? 국내 1호 디지털 장의사 김호진 산타크루즈 대표는 삭제 의뢰가 완료되는 순간은 그의 기억 속에서도 고객이 사라질 때라고 말한다. 온라인에서는 타인의 주목과 관심을 쉽게 받는 만큼 평판에 대한 염려는 지불해야 하는 비용으로 보아야 할 것이다. 다만 지나친 자기노출과 과시적 자기표현은 순간의 실수로 통제 불가능해질 수 있으며, 이는 개인의 평판 및 행복감에 부정적 영향을 미칠 수 있다는 점을 주의해야 할 것이다.

사람들이 SNS상에서 '악플'보다 더 두려워하는 것이 아무도 댓글을 달지 않는 '무플'이라고 한다. 인간소외에 관한 주제는 사회학, 철학, 심리학 등 다양한 분야에 걸쳐 오랜 시간 논의되어왔다. 헝가리의 정치경제학자 칼 폴라니(Karl Polanyi)는 1944년 그의 저서 《거대한 전환(The Great Transformation)》에서 영국에서 발생한 산업혁명을 통해 시장경제가 노동(인간), 토지(자연), 화폐(구매력)마저 상품화시켰다고 비판하였다. 1차 산업혁명 당시 증기기관의 발전으로 노동력의 효율성과 높은 생산성에 가치를 두게 되었는데 이 과정에서 '분업'과 '전문화'는 필연적인 과정이었다. 그러나 분업과 전문화를 통한 생산성 증대는 인간소외 현상을 증가시켰다. 분업화 이전 인간은 온전한 생산의 주체로서 전 과정에 참여하여 노동의 대가에 대한 보람과 자부심을 느꼈지만, 분업화는 인간을 마치 기계의 톱니바퀴와 같은 존재로 전락시켰다. 생산성은 높아지고 노동의 대가로 임금을 받지만 노동자는 부품과 같이 고장이 나면 언제든지 교체 가능한 대상이 되었다. 인간은 보람과 가치가 아니라 반복된 단순노동의 대가인 임금을 통해 보상받게 되고 이는 물질만능주의 또는 배금주의(mammonism) 풍토를 가져오게 된 것이다. 공산주의 혁명가로 잘 알려진 독일의 철학자이자 경제학자인 칼 마르크스(Karl Marx)는 《자본론(Das Kapital)》에서 고대 원시인의 물신숭배사상이 근대 자본주의 사회의 도래와 함께 '상품 물신숭배(commodity fetishism)'로 재현되었다고 하였다. 자본주의와 생산 효율성을 지나치게 강조하면서 인간의 사회적 관계는 상품의 경제적 관계로 치환되고 생산 재화와 상품의 만능화, 신격화 등 사회적 문제를 야기하게 된다는 것이다.

이러한 인간소외 현상은 매스미디어의 발전과 무관하지 않다. 산업혁명 이후 각 지역에서 대도시로 몰려든 대중들은 문화적 동질성과 유사성을 찾기 어려웠으며 매스미디어가 다수의 입맛에 맞게 대량생산한 문화콘텐츠를 제공받게 된다. 이것이 국가 질서나 운영의 차원에서 대중들에게 연대감, 소속감, 구성원으로서의 정체성을 심어주는 순기능적 역할을 하였다는 점은 부인할 수 없는 사실이다. 수직적이고 일방향적인 매스미디어는 당연히 국가의 지배적 이념을 알리고 사회 시스템과 질서를 유지하기 위한 도구로 활용된다. 나아가 글로벌 매스커뮤니케이션 차원에서 우리가 듣고, 보고, 즐기는 할리우드 영화를 비롯한 많은 문화적 상품(cultural goods)들은 글로벌 문화의 동질화를 촉진한다(물론 역으로 지역문화를 고사시키는 부작용도 나타난다).

그렇다면 현재 중요한 대중매체의 하나인 SNS가 어떻게 인간소외와 고립감을 가속화시킬까? SNS는 소비자가 사회적 통합 내지는 연대감을 확보할 수 있는 매스미디어의 긍정적 소통의 기회마저도 박탈하고 있다. 생산과 소비의 주체가 불분명해진 상황에서 누구든지 의도적으로 진실을 왜곡하고 가짜뉴스(fake news)를 생산해낼 수 있게 되었다. 무엇보다 소비자가 자신이 보고 싶은 것만 보고, 듣고 싶은 것만 듣고, 대화하고 싶은 사람과만 대화할 수 있는 선별적 노출(selective exposure)이 더욱 용이하게 되었다. 가족들 모두 각자 방에서 스마트폰으로 원하는 콘텐츠만 소비하는 모습을 상상해보자. 앞서 언급했듯이 순기능적 측면에서 SNS는 사회관계를 더욱 가깝고 밀접하게 만들었지만, 역으로 우리 사회를 이념적, 정치적, 문화적으로 더욱 분절화하고 파편화시키는 야누스적인 역할을 하고 있다. 한편으로 우리는 다른 사람의 생각에 공감할 필요성마저도 박탈된 '공감 상실의 시대'에 살고 있는 것이다.

개인적 차원에서 SNS 이용자들은 늘 타인과의 관계를 의식하며 자신의 정체성을 확인하고 관계 유지를 위해 끊임없이 노력한다. 내 친구가 받은 '좋아요' 개수와 팔로워 수에 상대적 열등감을 느끼곤 한다. 실제로 SNS 이용 시간이 증가할수록 이용자의 우울감과 충동성이 커질 수 있으며, 상대적 열등감과 박탈감 그리고 낮은 자존감을 경험할 가능성이 높다는 연구 결과도 나왔다. SNS가 소통의 공간이자 놀이터가 아니라 과시와 소외의 공간으로 변질되기 시작한 것이다. SNS상에서 경험하는 상대적 열등감은 부정적 정서를 낳고 개인으로 하여금 자신이 외롭고 불행하다고 느끼게 한다. 그렇다면 소외감을 느낀 사람들은 어떤 반응을 보일까? SNS를 회피하거나, 아니면 반대로 관심종자(관심을 받고 싶어 하는 사람을 이르는 신조어)가 되어 보다 자극적이고 사람들을 현혹할 수 있는 콘텐츠를 올리거나 공유하려 들고 이는 소외감의 악순환 구조를 영속화시키는 결과를 낳게 한다. 이상적 자아를 추구하는 SNS에 종속된 삶은 현실의 진정한 자아를 소외시킬 뿐이다. SNS상에서의 내 모습이 실제의 진정한 자아인지 고민해보고, 아니라면 스스로를 보듬어주고 격려해주는 위로의 시간을 가져야 할 것이다.

4 가식적 표현 충동

지나친 SNS 사용은 불필요한 과잉 연결을 초래한다. 페이스북으로 친구가 되었지만 수백 명이나 되는 친구들이 올리는 시시콜콜한 게시물에 일일이 '좋아요'를 누르고 댓글을 달고 공유하는 것은 때로는 불필요하게 느껴질 수 있다. 내가 카톡을 보내도 즉각적인 답신이 없으면 괜히 초조해지거나 짜증이 나는 경우를 종종 겪게 된다. 인원이 100명이 넘는 대규모 단톡방에서 자유의지와 무관하게 초대된 대다수의 투명인간을 상상해보자. 수십 명이 한 번만 올려도 대화에 참여하려면 몇 시간 전 문자까지 다 파악해야 하는 경우가 허다하다. 이러한 예들은 우리 일상 속에서 빈번하게 발생하는데, 그렇다고 불쑥 전화를 하는 것도 상대에게 부담을 주는 것 같아 거부감이 들곤 한다. 과잉 연결된 SNS 세상에서 가공의 자아를 형성하고 이를 유지하는 것은 쉽지 않은 일이다.

17세기 프랑스의 고전작가이자 공작인 프랑수아 드 라로슈푸코(François de La Rochefoucauld)는 《잠언과 성찰(Reflexions ou Sentences et Maximes Morales)》에서 "사람은 자기가 행복해지는 것보다 남에게 더욱 행복하게 보이려고 애를 쓰는데 굳이 그런 노력을 하지 않는다면 스스로 만족하는 것이 그리 어려운 일은 아니다"라고 하였다. 타인에게 행복하게 보이려는 허영심으로 자신이 누릴 수 있는 진정한 행복을 놓칠 수 있음을 경고한 라로슈푸코의 말은 오늘날에도 여전히 유효하며 우리에게 성찰의 시간을 갖게 한다. SNS상에서 자기표현의 기회가 많아지고 활동이 증가할수록 많은 사용자들이 스트레스를 받게 된다. 특히, 자신에 대한 허위 상태 업데이트나 프로필 제공 등 SNS상에서 나타나는 가식적·위선적 자기제시(inauthentic self-presentation)는 걱정, 우울감 또는 스트레스와 높은 정적인 상관관계가 있으며 이는 개인의 불안정한 심신 상태를 반영한다. 가식적 표현 충동이 높은 사람은 대체로 신경성(neuroticism)이 높거나 자기애(narcissism)가 강하다. 또 자기비난 성향이 높을수록 자신의 포스팅에 긍정적 댓글 등의 반응이 없을 경우 이를 자기가치에 대한 중대한 위협으로 간주해 상대방의 환심이나 긍정적 반응을 유도하고자 더욱 애쓰게 된다. 문제는 많은 SNS 사용자들이 이러한 상황을 모면하기 위해 더욱 가식적인 표현을 하는 악순환에 빠지게 된다는 것이다. 또 상대방의 긍정적 댓글보다는 부정적 댓글에 더욱 민감하게 반응해 타인을 비난하거나 자신에 대한 비난으로 이어질 가능성이 높다.

수준 높은 지성과 교양이 요구되는 집단이나 사회일수록 적절한 수준의 솔직함과 은밀함은 미덕으로 여겨진다. 이상적으로 마음과 말과 행동이 일치한다면 가장 선한 모습이겠지만 현실 속 인간의 모습은 늘 그리 착하고 선하기만 하지 않다. 어쩌면 가식적인 표현은 스스로를 미화하고 선한 존재로 타인에게 인식시키고자 하는 인간의 생존본능일 수도 있다. 1959년 캐나다 출신의 미국 사회학자이자 사회심리학자인 어빙 고프만(Erving Goffman)은 개인의 인상관리

(impression management)를 설명하면서 타인과의 상호작용 속에서 최대한 자신의 장점을 부각시켜 좋은 인상을 주려고 노력하는 연극과 다름없다고 하였다.

온라인의 익명성 속에 우리는 낯선 타인에게 자신의 속마음을 털어놓기도 하고 또 이에 공감하기도 한다. 이러한 행위는 때로는 복잡다단한 현실 속 인간관계에서 탈피해 우리의 삶을 하루하루 유지시키는 원동력이 될 수 있다. 한편 지나치게 솔직한 언행들이 충동적으로 표출된다면 우리는 이를 취약한 사회성의 증거로 여길 수도 있다. 프로필 등 사회적 단서가 풍부한 SNS는 기존 온라인과 달리 완전한 익명성을 보장해주지 않는다. 자신의 정체성이 드러난 SNS에서 누구나 적당한 수준의 자기미화는 당연한 현상이다. 그러나 그 정도를 가늠하는 것은 결코 쉬운 일이 아니며, 그것은 본인만이 판단할 수 있을 것이다. 본질적으로 이러한 가식적 표현이 지나치다면 이는 허구 속 자아를 만족시킬 뿐 현실 속 자신의 모습은 점차 행복과 멀어질 것이다.

5 오프라인 사회성 결여

얼마 전 초등학생 자녀들과 저녁식사를 하면서 스마트폰으로 SNS를 확인하고 있는 내 모습을 물끄러미 바라보는 아이들의 모습에 적잖이 당황한 적이 있다. 아빠와 대화를 나누고 싶은 아이들 입장에서는 아마도 짧지 않은 시간이었을 것이다. 이후 자녀와 함께 하는 저녁식사 때만큼은 오롯이 서로의 얼굴을 바라보며 그날의 일과를 얘기하는 시간을 갖고자 노력 중이다. 신동원 성균관대학교 정신의학과 교수는 과도한 SNS 사용은 인정에 대한 욕구에서 시작된다고 하였다. 이러한 집착은 사회성 문제로 나타나는데 인간 소통의 80%에 해당하는 비언어적 소통인 '눈치'가 떨어지게 된다고 한다. 얼굴을 마주보고 소통할 기회가 사라지면서 언어적, 비언어적 소통 능력이 떨어지고 인간관계에서 갈등이 발생했을 때 대처할 능력이 감소하는 것이다. 인구절벽이 현실로 다가온 오늘날 세대 간, 이념 간 불신과 불통이 큰 사회적 문제로 대두되고 있으며 타인에 대한 양보와 배려는 사라지고 있다.

SNS와 같은 매체의 이용은 크게 오프라인 대인관계의 보완이나 그 연장선 상에서 사용되지만, 현실세계에서 미충족된 사회적 욕구를 보상받기 위해 사용되기도 한다. 사실 페이스북, 트위터 등 지나친 SNS 사용이 인간관계에 미치는 영향에 대한 연구 결과들은 천차만별이다. 855명의 대학생을 대상으로 성격과 페이스북 이용에 대한 설문을 실시한 결과, 외향적 성향의 사람들은 대체로 사교성이 뛰어나고 SNS를 지렛대 삼아 새로운 관계를 형성하는 것으로 나타났다. 반면, 또 다른 관점에서 SNS는 현실 속에서 낯선 타인을 만나는 것이 위험하다고 인식하는 사람들이 이용한다는 연구 결과도 있다. 이런 사람들은 타인과 깊은 신뢰관계를 맺는 과정에서 내면에 있던 불안감을 극복해 오프라인상의 관계로 발전시켜나간다고 한다. 특히 내성적인 사람들이 SNS를 통해 새로운 관계를 발전시켜나갈 가능성이 높다고 한다. 또 거대자기애(grand narcissism)가 강할수록 SNS에 집착하며, 타인으로부터 존경받으려는 욕구와 소속감에 대한 욕구가 강하다고 한다. 결론적으로, 현실세계에서 고립되고 격리된 개인일수록 SNS를 통해 이러한 욕구들을 충족시키려는 보상심리가 크게 작용한다고 해석할 수 있다.

이처럼 SNS를 통한 관계 확장의 긍정적 기능에도 불구하고 여전히 많은 사람들은 현실세계뿐만 아니라 SNS를 통한 새로운 만남에 대해 어색함과 불안감을 떨쳐내지 못해 주위를 겉도는 경우가 많다. 즉 오프라인 사회성이 부족한 경우 SNS마저도 그들의 인간관계 확장에 도움을 주지 못한다는 것이다. 동아일보 2020행복원정대 취재팀이 여론조사기관 마크로밀 엠브레인과 20대 1000명을 대상으로 설문조사한 결과, 페이스북 친구 수가 100명 이상이라고 답한 응답자가 약 62%인 반면 진짜 친구 수를 묻는 질문에 대한 응답은 평균 4.99명으로 나왔다. 비율적으로 볼 때 SNS 속 진짜 친구 수는 1.5%이며 55%의 응답자가 인간관계 때문에 빈번하게 어려움을 겪는다고 한다. SNS 속 인맥부자가 현실 속 외톨이일 가능성이 높은 것이다.

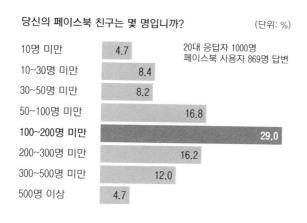

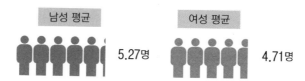

평균 페이스북 친구 수와 진짜 친구 수◆

◆ 〈동아일보〉(2017. 4. 4) 기사에 제시된 이미지를 재작성한 것이다.
 http://news.donga.com/3/all/20170404/83675088/1

이와 함께 SNS가 주로 스마트폰을 통해 이용된다는 점에서 스마트폰 사용과 사회성 결여와의 관계도 살펴볼 수 있다. 한 연구에 따르면 스마트폰 사용의 주된 이유는 SNS를 이용한 오락적 기능 때문이라고 한다. 스마트폰에 중독이 될수록 사회성이 떨어지는 것이다. 특히, 일상생활에 장애를 느끼고 중독에 대한 내성이 생길 경우 대인관계의 자신감이 결여된다. 일상생활 장애는 생활 속 업무능력 또는 학습능력의 저하, 주위 사람들에게 받게 되는 지적 등이 포함된다. 또한 가상세계 속의 경험을 추구하거나 스마트폰을 사용하지 못하게 되는 금단이 지속될수록 사회성에 부정적인 영향을 주는 것이 밝혀졌다. 스마트폰을 사용하지 못하게 되면 온 세상을 잃은 것처럼 느끼거나, 가족이나 친지와 함께 있는 것보다 스마트폰을 사용하는 것을 더 중요하게 여기는 등 사회성에 심각한 문제를 초래하는 것을 알 수 있다. 물론 스마트폰을 사용하는 이유는 앞서 말한 바와 같이 전화, 문자, 웹서핑, 영화나 음악감상, 게임, 그리고 SNS 등 실로 다양하다. 그러나 스마트폰 이용 시간의 대부분은 카톡이나 밴드 등 SNS와 게임 또는 웹서핑이 약 85%를 차지해 과도한 SNS 사용이 오프라인 사회성 결여와 관련성이 높은 것으로 판단된다.

6 관계의 가벼움에 대한 회의

최근 SNS상에서 인맥 정리에 대한 고민을 털어놓는 기사나 포스팅을 어렵지 않게 볼 수 있다. 밀란 쿤데라(Milan Kundera)는 소설 《참을 수 없는 존재의 가벼움(The Unbearable Lightness of Being)》에서 "소설 속 인물들은 실현되지 않은 나 자신의 가능성"이라고 했다. 그의 말은 삶의 문제에 대한 결정은 단 한 번으로 정답은 없으며 삶은 두 번 다시 반복되지 않는다는 사실을 새삼 깨닫게 해준다. 그러나 서로 다른 삶을 동시에 살아갈 수 있는 곳이 있다면 바로 SNS가 될 것이다. 취업포털 인크루트가 2017년 4월 성인 2526명을 대상으로 조사한 결과, 1146명(46%)이 SNS상의 친구관계를 정리한 이른바 '인맥 다이어트'를 한 경험이 있다고 답했다. 한편, 서로에 대해 깊이 알 필요가 없이 가벼운 만남을 원하는 사람들이 SNS를 찾는 양극화 현상이 심해지고 있다. 근래 혼밥족, 혼술족 등 혼자만의 문화가 생겨나면서 SNS를 통해 일회성 만남을 맺어주는 앱이나 서비스가 성행하고 있다고 한다. 한편으로는 가볍고 다른 한편으로는 진지한 삶을 표현할 수 있으니, 그야말로 SNS는 실현되지 않은 개개인의 끼와 모습을 다양하게 표출할 수 있는 공간인 것이다.

그런데 이러한 일회성 만남이나 티슈인맥(한 번 쓰고 버리는 티슈처럼 필요할 때만 소통하는 일회성 관계를 나타내는 신조어)은 기본적으로 지속적 관계 발전에 필요한 진정성이 결여되어 있다. 관계적 진실성이 결여된 피상적이고 인위적인 SNS는 유대감과 결속적 관계 형성에 걸림돌이 된다. 그 근본적인 원인은 진정한 자신을 노출시키지 않는 데 있다. 다시 말해, 가식적이고 인위적인 자신의 모습을 만들기 위해서는 오래되고 끈끈한 관계가 아니라 피상적이고 가벼운 관계가 필요하기 때문이다.

진실된 관계는 시작보다 지속하고 발전시키는 데 더 큰 의의가 있다. 이는 마치 결혼생활에서 중요한 것은 결혼식 자체가 아니라 수십 년간 동고동락하며 진정한 동반자 관계로 발전해나가는 것이라는 점과 유사하다. 자신에 대한 사회적 인정욕구나 지적, 신체적, 권력우위에 대한 시각화를 과장하여 표현함으로써 단기적인 측면에서 자존감, 자기가치, 긍정적 자기관(self-view)을 가질 수 있으나 장기적인 측면에서는 현실 속 자아가 소외되기 마련이다. 이는 마치 한껏 부풀어 오른 풍선과 같아 계속해서 바람을 불어넣어주지 않으면 어느새 쪼그라드는 모습과 같다. 더군다나 과시적 자기표현은 타인에게 상대적 비교에 따른 실망감과 악의적 질투심(malicious envy)을 유발할 가능성이 높다. 상대방에게 이러한 부정적 정서를 유발하게 한 경험은 개인의 행복에도 결코 도움이 될 수 없을 것이다.

지나친 SNS 이용이 초래한 폐해에 대한 이해는 기업과 브랜드에 반면교사가 될 수 있다. 이화여대 사회학과 함인회 교수는 어느 신문의 칼럼에서 "오늘날 사람들은 기술에 대해 더 많은 기대감을 감추지 않지만 정작 얼굴을 맞대고 숨결을 느끼며 소통할 수 있는 상대에 대한 기대는 줄어들고 있다"고 논평했다. 지나친 SNS 사용에 대한 부작용과 폐해는 결국 소비자 자신의 욕망에서 비롯된 것이 아닐까 한다. 면대면 커뮤니케이션은커녕 전화 통화로 상대방의 진의를 파악하는 것조차 번거롭고 성가시게 느끼는 것은 이기심의 발로가 아닐까 하는 의문이 든다. 이중 삼중으로 닫힌 SNS 공간에서 자신만을 위한 상상의 나래를 펴는 것은 그다지 어려운 일이 아니다. 그러나 직면하기 불편한 현실의 자아로 눈을 돌렸을 때 깨닫게 되는 이상과 현실 속 자아의 간극은 감당하기 어려울 것이다.

소통의 공간인 SNS는 소비자들이 즐거움을 경험하고 공유할 수 있는 곳이다. 또한 오프라인의 연장선상에서 관계를 강화하거나 아니면 새로운 누군가를 만나보고 관계를 발전시킬 수 있는 사회적 관계 형성의 장이다. 오늘날 SNS는 사람들에게 누군가와 소통할 수 있게 해주고, 무언가에서 의미를 찾고 성취감을 느낄 수 있게 해주는 곳임은 자명하다. SNS가 이렇듯 긍정적이고 생산적인 공간이 된다면 소비자의 행복감은 증대될 것이다. 소비자 행복감은 마케팅 또는 커뮤니케이션 목표의 결과로 정량화하기 어려운 정성적 지표이지만, 기업과 브랜드는 소비자 행복을 위해 다양한 SNS 전술을 통해 페르마 마케팅을 실행해야 한다. SNS가 소비자에게 행복감을 제공하는 데 도움을 줄 수 있는 수단이자 방법이 될 수 있도록 힘써야 한다.

브랜드와 소비자 간의 진정성 있는 관계는 소비자의 심리적 행복을 위한 페르마 마케팅 전략의 필수 조건이다. 신뢰할 수 있는 브랜드와의 진정성 있는 관계를 통해 소비자는 삶 속에서 즐거운 감정, 관여, 긍정적 관계, 삶에 대한 의미, 성취감을 느낄 수 있다. 그런데 이 5가지 요인이 독립적으로 만족된다고 해서 소비자에게 반드시 행복감을 줄 수 있는 것은 아니다. 따라서 각 기업과 브랜드는 5가지 행복요인으로 구성된 페르마 마케팅 전략을 어떻게 SNS 전술을 통해 조화롭게 충족시킬 수 있을지 다양한 상황을 고려해 고민해보아야 한다. SNS상에서 어떻게 소비자의 행복을 꾀하고 브랜드를 각인시킬 수 있는지 고민하는 학생, 기업의 마케팅 담당자, 광고 및 홍보 전문가, 나아가 기업과 브랜드가 소비자에게 어떤 행복을 줄 수 있는지 고민하는 모든 사람들이 이 책을 통해 새로운 관점과 시각을 가질 수 있기를 희망한다.

chapter 08

나가며:
SNS 시대
소비자 행복 권리를
찾아서

삶의 중요한 하위 영역을 차지하는 소비행위는 전반적인 삶에 대한 심리적 만족감에 영향을 미친다. 일반적으로 소득수준이 높다면 물질적 소유를 통해 높은 행복감을 느낄 것이다. 그러나 소득수준의 높고 낮음은 상대적이다. 어떤 사람은 바로 이 순간 현재의 행복감을 위해 주저 없이 소비를 하는 반면, 어떤 이는 미래의 행복을 위해 현재를 과감히 포기하곤 한다. 2018년에는 작지만 확실한 행복인 소확행이 주요 소비 트렌드였다. 하지만 어느새 지갑을 열었을 때 심리적으로 얼마나 흡족한지를 의미하는 가심비가 새로운 마케팅 수단으로 등장했다. 어떤 사람은 자신의 만족감을 충족시키는 일에만 의미를 두지만 어떤 이는 소외된 이웃을 돕는 기부나 환경보호와 같은 친사회적 행동에 더 큰 의미를 부여한다. 어떤 사람은 자신의 주관적인 행복감보다는 타인이 생각하는 본인에 대한 높은 기대치에 부응하기 위해 감당하기 어려운 소비를 하게 된다. 결국 행복을 결정하는 기준이나 행복감의 정도는 상대적이다.

기업과 소비자의 교환 행위 대상은 일차적으로 제품, 즉 브랜드이다. 그리고 이차적으로는 그 브랜드가 소비자에게 제공하는 기능적 혜택을 넘어서는 상징적, 사회적, 경험적 혜택과 가치다. 기업의 입장에서 브랜드는 단순한 제품이 아니라 소비자의 오래된 절친과 같은 존재가 되어야 하는데, 이를 앞 장에서 언급한 8가지 SNS 전술과 연결해보면 다음과 같다.

- 브랜드는 친구의 입장에서 배려하고 생각하는 절친과 같이 소비자가 어떤 SNS 플랫폼에서 무엇을 말하고 싶어 하는지 주의 깊게 경청해야 한다.
  ➡ 페르마 마케팅을 위한 8가지 SNS 전술 중 1, 2
- 브랜드는 소비자가 원하는 것이 무엇이고 어떤 정보를 필요로 하는지 파악하여 유용한 정보(콘텐츠)를 제공해야 한다. ➡ 전술 3
- 브랜드는 소비자가 스스로 다가와 편안하게 소통할 수 있는 지속 가능하고 발전적인 관계를 만들어야 한다. ➡ 전술 4, 5

- 브랜드는 소비자의 개성·성격과 브랜드 이미지 간 유사성을 파악하고 강화해나가야 한다. ➡ 전술 6
- 브랜드는 공동브랜딩을 통해 SNS상에서 소비자들 간에 소통과 친교가 이루어지고 결속력이 강화될 수 있도록 유도해야 한다. ➡ 전술 7
- 브랜드는 (쿠팡맨의 배송 완료 사진과 문자 메시지처럼) 다양하고 폭넓은 채널을 통해 소비자가 공감할 수 있는 메시지를 일관성 있게 전달해야 한다. ➡ 전술 8

　　이러한 일들을 조화롭게 해낼 때 브랜드는 소비자의 진정한 절친으로 자리 잡게 되고 소비자는 기쁨과 행복을 느낄 수 있다. 서술한 8가지 SNS 전술은 기업과 브랜드가 '페르마(PERMA) 마케팅'을 적용하고 실행하기 위한 유용한 행동지침이 될 것이다.

　　브랜드와 소비자 간의 진정성 있는 관계는 소비자의 심리적 행복을 위한 페르마 마케팅 전략의 필수 조건이다. 신뢰할 수 있는 브랜드와의 진정성 있는 관계를 통해 소비자는 삶 속에서 즐거운 감정, 관여, 긍정적 관계, 삶에 대한 의미, 성취감을 느낄 수 있다. 그런데 이 5가지 요인이 개별적으로 만족된다고 해서 소비자에게 반드시 행복감을 줄 수 있는 것은 아니다. 예를 들어, 즐거운 감정을 제공하지만 몰입이나 의미가 없다면 소비자는 진정한 행복감을 느끼지 못할 수 있다. 또 성취감만 지나치게 강조하다 보면 삶의 소중한 의미와 사회적 관계가 단절될 수도 있다. 따라서 각 기업과 브랜드는 5가지 행복요인으로 구성된 페르마 마케팅 전략을 어떻게 SNS 전술을 통해 조화롭게 충족시킬 수 있을지 다양한 상황을 고려해야 할 것이다.

　　소비자가 원하는 것은 순간적이고 일시적인 쾌락이나 만족감을 넘어선 행복감이다. 컬럼비아대학교 경영대학원의 번 슈미트 교수는 소비자들은 자신이 기대했던 것들이 차질 없이 진행될 때 만족감을 느낄 수 있다고 했다. 그리고 아주 사소하지만 예상하지 않은 선물이나 배려를 통해 지극한 행복감과 기쁨을 느낄 수 있다고 했다. 이런 점에서 행복감은 쾌락이나 만족감보다 상위의 포괄적인 개념일 것이다. 한편 본서에서 제시하는 소비자 행복감의 개념은 그보다 더 포괄적, 영속적이며 관계중심적인 개념으로 이해해주길 바란다. 브랜드가 소비자의 절친이 되어 일생을 통해 5가지 행복요인을 소비자에게 제공해준다면 소비자와 브랜드의 신뢰 관계는 더없이 돈독해질 것이다. 이는 모든 기업과 브랜드가 소비자와의 관계 구축에서 바라는 이상적인 모습일 것이다.

인간의 소유에는 한계가 있고 어느 순간을 넘어서면 그 규모를 체감하기 어렵다. 이것저것 모두 소유했을 때 소비자는 일시적인 충족감과 희열을 느낄 수 있다. 그러나 광고와 마케팅을 통해 전달되는 상징적 의미가 소진되었을 때 브랜드는 어느새 유행이 지난 옷처럼 불필요한 존재가 될 수도 있다. 그러므로 결국 소비자 감동과 행복을 이끌어내는 기업의 진정성 있는 태도와 배려가 중요하다. 새로운 유형의 제품이든지, 특별한 경험을 제공하는 서비스이든지, 오로지 소비자 개인의 만족을 위한 것인지, 아니면 함께 공유하는 경험이나 가치이든지 간에 기업과 브랜드는 소비자의 진정한 행복감을 증진할 수 있는 준비된 자세와 태도를 가져야 한다. 브랜드 하면 존재의 본질과 의미에 대해 노래한 김춘수 시인의 〈꽃〉이 떠오른다. 기업과 브랜드는 소비자에게 자신들의 존재와 본질이 공유되고 소비되기를 갈망한다. 어느 기업이나 브랜드이든 자리만 차지하고 있는 옷장 속 낡은 옷이 되기를 원하지는 않을 것이다.

매년 새로운 트렌드 분석 및 소비자 분석을 통해 실감세대(ASMR 등 오감자극에 익숙한 세대), 꾸안꾸(꾸민 듯 안 꾸민 듯 메이크업한), 탕진잼(소소하게 탕진하는 재미를 의미하는 말)과 같은 신조어가 쏟아진다. 이러한 소비자 트렌드를 반영해 새로운 마케팅 기법이 등장하기도 한다. 그러나 무엇보다 기업이나 브랜드가 잊지 말아야 할 점은 복잡하고 무질서해 보이는 소비자 욕구는 결국 그들 내면의 행복감을 높이고자 하는 동기에서 시작된다는 것이다. 소비자는 그들의 삶을 행복하게 할 권리가 있고 브랜드는 이에 대해 책임의식을 가져야 한다. SNS 상에서 어떻게 소비자의 행복을 꾀하고 브랜드를 각인시킬 수 있는지 고민하는 학생, 기업의 마케팅 담당자, 광고 및 홍보 전문가, 나아가 기업과 브랜드가 소비자에게 어떤 행복을 줄 수 있는지 고민하는 모든 사람들이 이 책을 통해 새로운 관점과 시각을 가질 수 있기를 희망한다.

p. 29 닉 오퍼먼 유튜브 영상
   https://www.youtube.com/watch?v=LS-ErOKpO4E

p. 31 클리크 온라인 페이지
   https://corporate.whowhatwear.com/marketing

p. 35(위) 'I Want You For U.S. Army' 포스터
   https://www.wdl.org/en/item/576/

p. 35(아래) 'BRITONS WANTS YOU' 포스터
   https://ko.wikipedia.org/wiki/%ED%82%A4%EC%B9%98%EB%84%88_%
   EB%AA%A8%EB%B3%91_%ED%8F%AC%EC%8A%A4%ED%84%B0

p. 51 이마트 와이너리 캠페인
   https://www.youtube.com/watch?v=Kq8ZcWRbQk

p. 53(위) 네이티브 광고 예
   https://www.huffingtonpost.kr/2015/06/25/story_n_7539878.html

p. 53(아래) 한겨레 네이티브 광고 공지
   http://notice.hani.co.kr/customer_view.html?bid=notification&no=708

p. 55 브랜디드 콘텐츠 예
   https://www.redbull.com/kr-ko/extreme-camping

p. 59(위) 넷플릭스 인-피드 광고
   https://ko-kr.facebook.com/NetflixKR/

p. 59(아래) 브리티쉬 항공 인-피드 광고
   https://mashable.com/2016/03/03/san-jose-london-startups-brandspeak/

p. 60 네이버 유료 검색 네이티브 광고
   https://search.naver.com/search.naver?sm=top_hty&fbm=1&ie=utf8&query=테니스

이승윤 (2015). 《한권으로 끝내는 디지털·소셜미디어 마케팅》. 시그마프레스.

헬렌 리스, 리즈 네포렌트 (2019). 《최고의 나를 만드는 공감 능력》. 김은지 옮김. 코리
  아닷컴.

Burke, F. (2013. 10. 2). Social media vs. social networking. *Huffpost.* (https://
  www.huffingtonpost.com/fauzia-burke/social-media-vs-social-ne_
  b_4017305.html)

Cohn, M. Social media vs social networking. CompuKol Communications LLC.
  (https://www.compukol.com/social-media-vs-social-networking/)

Shah, S. (2016). The history of social networking. (https://www.digitaltrends.
  com/features/the-history-of-social-networking/)

2장

김난도 외 (2017). 《트렌드 코리아 2018》. 미래의 창.

김은주, 김정일, 우훈식, 남승규 (2012). "소비자 공감과 메시지 전략". 〈한국심리학회지: 소비자·광고〉, 13(4), 729–750.

김항중, 허순향, 남승규 (2015). "설득커뮤니케이션과 공감커뮤니케이션". 〈한국심리학회지: 소비자·광고〉, 16(4), 673–690.

김형택 (2019. 3. 28). "고객은 온라인과 오프라인을 넘나들고 있다". 〈아이뉴스24〉. (http://www.inews24.com/view/1167129)

남승규 (2010). "소비자 공감에 대한 이론적 연구". 〈한국심리학회지: 소비자·광고〉, 11(4), 619–636.

노미진, 이경탁 (2012). "소셜커머스 수용에 있어서 지각된 위험의 영향력: 집단주의 조절효과 분석". 〈경영학연구〉, 41(1), 57–87.

노진경 (2018. 5. 21). "4차산업혁명이 몰고 온 소비자 행동의 변화". 〈조세일보〉. (http://www.joseilbo.com/news/htmls/2018/05/20180521353378.html)

박윤지, 김기옥 (2012). "소비자가 제품에서 추구하는 소비자가치: 제품 속성과 가시성에 따른 4가지 제품유형을 중심으로". 〈Journal of the Korean Home Economics Association〉, 50(7), 81–96.

박찬정 (2015). 《브랜드 3.0》. ㈜지식노마드.

박탄우, 이경렬 (2014). "SNS상의 온라인 구전의 정보처리과정에 관한 통합모형의 개발에 관한 연구". 〈광고연구〉, 100, 172–224.

이정훈 (2015. 11. 5). "광고 같지 않은 너, 정체가 뭐니? 네이티브 광고". SKhynix Blog. (https://blog.skhynix.com/1483)

페티, 카시오포 (1999). 《커뮤니케이션과 설득》. 리대룡 외 옮김. 범우사.

"나를 팔아요의 부메랑… SNS 판매 허와 실". (2019. 4. 19). 〈KBS NEWS〉. (http://news.kbs.co.kr/news/view.do?ncd=4190052)

"무역전쟁에도 끄떡없네… 명품 브랜드 승승장구". (2019. 2. 12). 〈매일경제〉. (https://www.mk.co.kr/news/world/view/2019/02/84191/)

"美, 한달 새 2000여 곳 폐업… 오프라인 소매업 '대재앙' 시작". (2019. 2. 14). 〈한국경제〉. (https://www.hankyung.com/economy/article/2019021409671)

"소매업 무너지는 美, 스타벅스·애플 입점시켜도…". (2019. 4. 17). 〈머니투데이〉. (http://news.mt.co.kr/mtview.php?no=2019041617325278232)

"와인? 어렵게들 생각 말아! 이마트 와이너리 캠페인". (2019. 1. 3). 〈Digital Insight〉. (http://magazine.ditoday.com/와인-어렵게들-생각-말아-이마트-와이너리-캠페인/)

"中기업들, 글로벌 브랜드 인수 혈전". (2016. 11. 3). 〈매일경제〉. (https://www.mk.co.kr/news/economy/view/2016/11/766218/)

"호박즙 곰팡이 논란 임블리, 인스타그램 안티 계정 방해 금지 가처분 신청". (2018. 5. 7). 〈조선비즈〉. (biz.chosun.com/site/data/html_dir/2019/05/06/2019050600735.html)

"K팝·뷰티·의류… 한국 제품, 글로벌 소비자에 통하죠". (2018. 12. 04). 〈매일경제〉. (https://www.mk.co.kr/news/it/view/2018/12/756128/)

"SNS 시대 新마케팅 '유명배우 저리 비켜' 인플루언서 몰려온다". (2018. 10. 5). 〈매일경제〉. (https://www.mk.co.kr/news/business/view/2018/10/620217/)

"SNS 미디어 플랫폼과 생산자와 소비자를 넘나드는 인플루언서". (2018. 11. 21). 〈FromA〉. (http://froma.co.kr/468)

SK M&C Communication Insight Team, 연세대 커뮤니케이션 대학원 김용찬 교수 연구팀 (2013). 《TREND TRAIN Vol.3 미디어 X 선택의 순간》. SK 마케팅앤컴퍼니.

Biron, B. (2018. 2. 13). Clique co-founder Katherine Power on how to succeed in a new era of digital media. *Digital UK*. (https://digiday.com/media/clique-co-founder-katherine-power-succeed-new-era-digital-media/)

Burger King: Whopper Sacrifice. (https://adage.com/creativity/work/whopper-sacrifice/14839)

Henry, J. (2012. 5. 31). BMW still the ultimate driving machine, not that it ever wasn't. *Forbes*. (https://www.forbes.com/sites/jimhenry/2012/05/31/bmw-still-the-ultimate-driving-machine-not-that-it-ever-wasnt/)

Holbrook, M. (1999). Introduction to consumer value. In Holbrook, M. (Ed.). *Consumer value: A framework for analysis and research*. London: Routledge.

Holbrook, M. (2006). Consumption experience, customer value, and subjective personal introspection: An illustrative photographic essay, *Journal of Business Research*, 59(6), 714–725.

Jacoby, J., & Kaplan, L. B. (1972). The components of perceived risk. In proceedings of the Third Annual Conference of the Association for Consumer Research, eds. M. Venkatesan, Chicago, IL : *Association for Consumer Research*, 382–393.

Percy, L. (2008). *Strategic integrated marketing communications*. Routledge.

Rohm, A. J., & Swaminathan, V. (2004). A typology of online shoppers based on shopping motivations. *Journal of Business Research*, 57(7), 748–757.

Stewart Loane, S., Webster, C. M., & D'Alessandro, S. (2015). Identifying consumer value co-created through social support within online health communities. *Journal of Macromarketing*, 35(3), 353–367.

What the Gap did wrong. (2010. 10. 8). *AdAge*. (https://adage.com/article/behind-the-work/gap-wrong/146393/)

3장

김병희 (2015). "네이티브 광고의 쟁점과 효과". 〈KAA저널〉. (http://www.kaa.or.kr/k/mag/2015/09_10/kaa0910_08.pdf)

김봉현 (1998). "인쇄매체에 나타난 '하이브리드' 광고의 활용 행태에 관한 내용분석: 국내 4대 일간지에 게재된 기사형 광고를 중심으로". 〈광고학연구〉, 9(3), 123-139.

김선호, 김위근 (2015). "소비자는 네이티브 광고를 어떻게 받아들이나?" 〈미디어이슈〉, 1(8). (http://www.kpf.or.kr/site/kpf/research/selectMediaPdsView.do?seq=7309)

김운한 (2017). "광고와 콘텐츠의 경계를 허물다 브랜디드 콘텐츠". 〈Digital Insight Today〉. (http://www.ditoday.com/articles/articles_view.html?idno=21848)

양윤직 (2015). "광고와 콘텐츠는 하나, 네이티브 광고 시대". 〈KAA저널〉. (http://www.kaa.or.kr/k/mag/2015/01_02/kaa0102_04.pdf)

이기범 (2018). "텀블러는 왜 음란물 차단을 선언했나. 애플 엡스토어의 영향력". 〈BLOTER〉. (https://www.bloter.net/archives/325843)

한국방송통신전파진흥원 (2017). ICT HOT CLIPS, 6-7.

"이 신기술 덕분에 조만간 운전면허증이 사라질지도 모른다". 〈Huffpost〉. (http://www.huffingtonpost.kr/2016/12/26/story_n_13737468.html)

"[IT열쇳말] 브랜디드 콘텐츠. 원하는 메시지를 녹이고 퍼뜨리는 방법". (2017. 9. 29). 〈BLOTER〉. (https://www.bloter.net/archives/290371)

Brehm, S. S., & Brehm, J. W. (2013). *Psychological reactance: A theory of freedom and control*. Academic Press.

Campbell, C., & Marks, L. J. (2015). Good native advertising isn't a secret. *Business Horizons*, 58(6), 599-606.

DeMers, J. (2018). Is native advertising sustainable for the long haul?. *Forbes*. (https://www.forbes.com/sites/jaysondemers/2018/03/01/is-native-advertising-sustainable-for-the-long-haul/#278b333d3733)

Erdem, T. & Swait, J. (1998). Brand equity as a signaling phenomenon. *Journal of Consumer Psychology*, 7(2), 131-157.

Interactive Advertising Bureau (2013). The native advertising playbook.

Jewell, J. (2014). Branded content: How online advertorials are changing the shape of modern journalism. (http://theconversation.com/branded-content-how-online-advertorials-are-changing-the-shape-of-modern-journalism-32831)

Kim, J., & Lennon, S. J. (2013). Effects of reputation and website quality on online consumers' emotion, perceived risk and purchase intention: Based on the stimulus-organism-response model. *Journal of Research in Interactive Marketing*, 7(1), 33-56.

Kim, S., & Choi, S. M. (2012). Credibility cues in online shopping: An examination of corporate credibility, retailer reputation, and product review credibility. *International Journal of Internet Marketing and Advertising*, 7(3), 217-236.

Lee, B. C., Ang, L., & Dubelaar, C. (2005). Lemons on the web: A signalling approach to the problem of trust in internet commerce. *Journal of Economic Psychology*, 26(5), 607-623.

Li, H., Fang, Y., Wang, Y., Lim, K. H., & Liang, L. (2015). Are all signals equal? Investigating the differential effects of online signals on the sales performance of e-marketplace sellers. *Information Technology & People*, 28(3), 699-723.

Mishra, S. (2016). Branded content or native advertising – what works best for your brand's personality?. *YourStory*. (https://yourstory.com/2016/08/branded-content-native-advertising)

Richardson, C. (2018). Here are the brightest native advertising examples of 2017. (https://nativeadvertisinginstitute.com/blog/native-advertising-examples)

Wang, L., Fan, L., & Bae, S. (2019). How to persuade an online gamer to give up cheating? Uniting elaboration likelihood model and signaling theory. *Computers in Human Behavior*, 96, 149–162

Wells, J. D., Valacich, J. S., & Hess, T. J. (2011). What signal are you sending? How website quality influences perceptions of product quality and purchase intentions. *MIS Quarterly*, 35(2), 373–396.

Wojdynski, B. W. (2016). The deceptiveness of sponsored news articles: How readers recognize and perceive native advertising. *American Behavioral Scientist*, 60(12), 1475–1491.

Wu, M., Huang, Y., Li, R., Bortree, D. S., Yang, F., Xiao, A., & Wang, R. (2016). A tale of two sources in native advertising: Examining the effects of source credibility and priming on content, organizations, and media evaluations. *American Behavioral Scientist*, 60(12), 1492–1509.

Zeithaml, V. A. (1988). Consumer perceptions of price, quality, and value: A means-end model and synthesis of evidence. *Journal of Marketing*, 52(3), 2–22.

4장

김계환 (2006. 3. 19). "미국기업의 새 화두는 '행복 마케팅'". 〈한겨레〉. (http://www.hani.co.kr/arti/economy/marketing/109572.html)

김동균, 비아이티컨설팅 (2016). 《마케팅의 미래 고객인게이지먼트》. 김앤김북스.

권석만 (2010). "심리학의 관점에서 본 욕망과 행복의 관계". 〈철학사상〉, 36, 121–152.

민귀홍, 이진균 (2017). "SNS에 대한 부정적 인식이 주관적 웰빙에 미치는 영향". 〈광고연구〉, 112, 5–37.

바버라 프레드릭스 (2015). 《내 안의 긍정을 춤추게 하라》. 우문식, 최소영 옮김. 물푸레.

섀넌 폴리, 캐스린 브라이턴 (2018). 《긍정심리학의 강점특권》. 우문식, 이미정 옮김. 물푸레.

안병민 (2015). 《보통마케터 안병민의 마케팅 리스타트》. 책비.

우문식 (2016). 《긍정심리학은 기회다》. 물푸레.

이동섭, 최용득 (2011). "긍정적 생각을 심었다, 성공의 희망이 싹텄다". 〈동아비즈니스리뷰〉, 80. (http://dbr.donga.com/article/view/1206/article_no/4196)

이진형 (2012). "SNS의 확산과 동향". 〈KCA 동향과 전망〉, 44호.

조영탁 (2016). "직원과 고객 행복 먼저… 이윤은 나중". 〈한겨레 21〉, 1133호. (http://h21.hani.co.kr/arti/HERI/H_special/42668.html)

한민희 (2013). "마케팅이 행복에 미치는 영향". 〈한국경제매거진〉, 928호. (http://magazine.hankyung.com/apps/news?popup=0&nid=01&c1=1002&nkey=2013091700928000441&mode=sub_view)

홍성태, 조수용 (2018). 《나음보다 다름》. 북스톤.

"고객과 직원이 행복해지는 기업 자포스". (2018. 2. 2). 〈시사매거진〉. (http://www.sisamagazine.co.kr/news/articleView.html?idxno=130851)

"금호고속, 더 안전하고 편리하게… 고객행복경영". (2017. 10. 25). 〈매일경제〉. (http://news.mk.co.kr/newsRead.php?year=2017&no=703841)

"[북 인터뷰] '소비자 스스로 제품을 자랑하게 만들어라' SNS 시대 마케팅 전략 '좋아요를 삽니다' 저자 김대영". (2016. 11. 1). 〈조선비즈〉. (http://news.chosun.com/site/data/html_dir/2016/11/01/2016110100600.html?rsMobile=false)

"사소한 선물·의외의 서비스에 고객들은 만족 넘어 즐거움 느껴". (2014. 9. 27). 〈위클리비즈 조선〉. (http://weeklybiz.chosun.com/site/data/html_dir/2014/09/26/2014092602093.html)

"[서평] 필립 코틀러의 마켓 4.0… 4차 산업혁명 시대, 시장과 소비자는 어떻게 바뀌나?". (2017. 2. 13). 〈미래한국〉. (http://www.futurekorea.co.kr/news/articleView.html?idxno=37477)

"'인간의 정신'이 함께 있는 성장이어야 한다". (2012. 12). 〈동아비즈니스리뷰〉. (http://dbr.donga.com/article/view/1202/article_no/5409)

"[인터뷰] 수평리더십과 고객행복 마케팅. 열린비즈랩 대표 안병민". 〈국제신문〉. (2018. 11. 12). (https://brunch.co.kr/@botongmarketer/263)

Andr W. (2017). Customer satisfaction ≠ customer loyalty. (https://www.andrewiringa.com/customer-satisfaction-%E2%89%A0-customer-loyalty/)

Arrindell, W. A., Heesink, J., & Feij, J. A. (1999). The satisfaction with life scale (SWLS): Appraisal with 1700 healthy young adults in the Netherlands. *Personality and Individual Differences*, 26(5), 815–826.

Bartram, D., & Boniwell, I. (2007). The science of happiness: Achieving sustained psychological wellbeing. *In Practice*, 29(8), 478–482.

Brian, A. (2010). What is subjective well-being? Understanding and measuring subjective well-being. (http://positivepsychology.org.uk/subjective-well-being/)

Cynthia, T. (2010). Marketing insights from Tony Hsieh, CEO of Zappos and the author of "Delivering Happiness" book. (http://smallcom.rayvisiondesign.com/marketing-insights-from-tony-hsieh-ceo-of-zappos-and-the-author-of-delivering-happiness-book/)

Cytowic, R. (2013). Would you rather be happy or content?. *Psychology Today.* (https://www.psychologytoday.com/us/blog/the-fallible-mind/201302/would-you-rather-be-happy-or-content)

Danner, D. D., Snowdon, D. A., & Friesen, W. V. (2001). Positive emotions in early life and longevity: Findings from the nun study. *Journal of Personality and Social Psychology*, 80(5), 804-813.

Diener, E. (1984). Subjective well-being. *Psychological Bulletin*, 95(3), 542-575.

Diener, E., Suh, E. M., Lucas, R. E., & Smith, H. L. (1999). Subjective well-being: Three decades of progress. *Psychological Bulletin*, 125(2), 276-302.

Forgeard, M. J. C., Jayawickreme, E., Kern, M. & Seligman, M. E. P. (2011). Doing the right thing: Measuring wellbeing for public policy. *International Journal of Wellbeing*, 1(1), 79-106.

Harker, L., & Keltner, D. (2001). Expression of positive emotion in women's college yearbook pictures and their relation to personality and life outcomes across adulthood. *Journal of Personality and Social Psychology*, 80, 112-124.

Himler, P. (2013). Content is king, distribution is queen. *Forbes.* (https://www.forbes.com/sites/peterhimler/2013/07/09/content-is-king-distribution-is-queen/#29bf4498174d)

Ilona, B. (2008). What is eudaimonia? The concept of eudaimonic well-being and happiness. (http://positivepsychology.org.uk/the-concept-of-eudaimonic-well-being/)

Jasper, B. (2015). Food & happiness II: Selling happiness. (http://www.forastateofhappiness.com/food-happiness-ii-selling-happiness/)

Larsen, R. J., Diener, E. D., & Emmons, R. A. (1985). An evaluation of subjective well-being measures. *Social Indicators Research*, 17(1), 1–17.

Livni, E. (2018). A Nobel prize-winning psychologist says most people don't really want to be happy. *QUARTZ*. (https://qz.com/1503207/a-nobel-prize-winning-psychologist-defines-happiness-versus-satisfaction/)

Lustig, R. H. (2017). *The hacking of the American mind: The science behind the corporate takeover of our bodies and brains.* Penguin.

Lyubomirsky, S., Sheldon, K. M., & Schkade, D. (2005). Pursuing happiness: The architecture of sustainable change. *Review of General Psychology*, 9(2), 111–131.

Myers, C. G., & Diener, E. (1995). "Who is happy?". *Psychological Science*, 6, 10–19.

Peterson, C., & Seligman, M. (2004). *Character strengths and virtues: A handbook and classification.* New York: Oxford University Press/Washington, DC: American Psychological Association.

Ryff, C. D. (1989). Happiness is everything, or is it? Explorations on the meaning of psychological well-being. *Journal of Personality and Social Psychology*, 57(6), 1069–1081.

Schmitt, B., & Van Zutphen, G. (2012). *Happy customers everywhere: How your business can profit from the insights of positive psychology.* St. Martin's Press.

Seligman, M. (1990). *Learned optimism: How to change your mind and your life.* New York, NY: Pocket Books.

Seligman, M. (2002). *Authentic happiness: Using the new positive psychology to realize your potential for lasting fulfillment.* New York, NY: Free Press.

Seligman, M. (2002). Positive psychology, positive prevention, and positive therapy. In C. R. Snyder & S. J. Lopez (Eds), *Handbook of positive psychology* (pp. 3–9). London: Oxford University Press.

Seligman, M. (2002). Authentic Happiness? University of Pennsylvania. (https://www.authentichappiness.sas.upenn.edu/newsletters/authentichappiness/pleasure)

Seligman, M. (2018). PERMA and the building blocks of well–being. *The Journal of Positive Psychology*, 13(4), 333–335.

The pursuit of happiness. Martin Seligman. (https://www.pursuit-of-happiness.org/history-of-happiness/martin-seligman-psychology/)

5장

김지영, 간형식 (2017). "브랜드 감정수준에 따른 브랜드 애착, 러브, 충성도, 아우라에 관한 고찰". 〈글로벌경영연구〉. 29(1), 1–19.

로버트 D. 퍼트넘 (2009). 《나 홀로 볼링: 사회적 커뮤니티의 붕괴와 소생》. 정승현 옮김. 페이퍼로드.

민귀홍, 박현선, 송미정, 이진균 (2015). "페이스북 광고유형과 이용강도가 구전행위에 미치는 영향에 대한 연구". 〈광고학연구〉, 23(4), 119–146.

서용구 (2013. 3). "브랜드의 아이덴티티가 아우라를 만든다". 〈동아비즈니스리뷰〉. (https://dbr.donga.com/article/view/1206/article_no/5585)

유성신, 이진균, 최용주 (2017). "페이스북에서 인식된 사회자본이 심리적 안녕감에 미치는 영향". 〈한국심리학회지: 소비자·광고〉, 18(2), 117–150.

윤선길 (2015). 《휴리스틱과 설득》. 커뮤니케이션북스.

이세진, 방혜진, 노승화 (2012). "유대강도, 정보의 속성 및 관여도가 SNS 내 구전 효과에 미치는 영향: 독립적 자기해석의 조절효과를 중심으로". 〈광고학연구〉, 26(8), 7–33.

이재규 (2006). 《기업과 경영의 역사》. 사과나무.

"[江南人流] 사흘 밤낮 줄 서 물건 사는 이유 뭘까?" (2017. 9. 7). 〈중앙일보〉. (https://news.joins.com/article/21913056)

"기업 CSR, 개성 있는 브랜드 이미지로 발전". (2018. 7. 14). 〈중앙Sunday〉. (https://news.joins.com/article/22800832)

"블루보틀 한국 1호, 성수점을 완벽하게 즐기는 5가지 방법". (2019. 4. 30). 〈HYPEBEAST〉. (https://hypebeast.kr/2019/4/blue-bottle-seongsu-dong-first-flagship-cafe-seoul)

"'불편한 이케아'의 필승전략". (2019. 1. 10). 〈사례뉴스〉. (http://www.casenews.co.kr/news/articleView.html?idxno=2102)

"이준호의 마케팅칼럼-선한 마케팅, CSR마케팅으로 존경받는 기업되기". (2017. 12. 26). 〈미래한국〉. (http://www.futurekorea.co.kr/news/articleView.html?idxno=45406)

"'탈중국' 움직임 속 할리 데이비슨, 中서 소형모델 생산". (2019. 6. 21). 〈연합뉴스〉. (https://www.yna.co.kr/view/AKR20190621000500072)

"한국 부유층 명품 사는 이유? '사회적 신분 나타내서'". (2018. 9. 8). 〈아시아경제〉. (https://www.asiae.co.kr/article/2014041116281996828)

"[황지영의 선한 마케팅] 밀레니얼과 CSR". (2018. 2. 19). 〈미디어SR〉. (http://www.mediasr.co.kr/news/articleView.html?idxno=47688)

"[Who Is 스토리] 최태원, SK 사회적 가치로 세상의 행복 '실험'하다". (2019. 7. 9). 〈BUSINESSPOST〉. (http://www.businesspost.co.kr/BP?command=naver&num=134591)

"2019년 주목할 CSR 트랜드는?". (2019. 2. 20). 〈이로운넷〉. (https://blog.naver.com/erounnet/221470594692)

Aaker, D. A. (1996). Measuring brand equity across products and markets. *California Management Review*, 38(3), 102–120.

Batra, R., Ahuvia, A., & Bagozzi, R. P. (2012). Brand love. *Journal of Marketing*, 76(2), 1–16.

Carroll, B. A., & Ahuvia, A. C. (2006). Some antecedents and outcomes of brand love. *Marketing Letters*, 17(2), 79–89.

ConceptDrop (2018). How Nike re-defined the power of brand image. (https://conceptdrop.com/blog/27-the-importance-of-branding-how-nike-re-defined-the-power-of-brand-image/)

Deters, F. G., & Mehl, M. R. (2013). Does posting Facebook status updates increase or decrease loneliness? An online social networking experiment. *Social Psychological and Personality Science*, 4(5), 579–586.

Friedman, U. (2015). How an ad campaign invented the diamond engagement ring. *The Atlantic.* (https://www.theatlantic.com/international/archive/2015/02/how-an-ad-campaign-invented-the-diamond-engagement-ring/385376/)

Foley. K. E. (2019). The world's largest tobacco company's anti-smoking campaign relies on smokers. *QUARTZ.* (https://qz.com/1674309/philip-morris-internationals-unsmoke-campaign-relies-on-smokers/)

Hazan, C., & Shaver, P. R. (1994). Attachment as an organizational framework for research on close relationships. *Psychological Inquiry*, 5, 1–22.

Kim, J., LaRose, R., & Peng, W. (2009). Loneliness as the cause and the effect of problematic internet use: The relationship between internet use and psychological well-being. *CyberPsychology & Behavior*, 12(4), 451–455.

Lipsman, A., Mudd, G., Rich, M., & Bruich, S. (2012). The power of "like": How brands reach (and influence) fans through social-media marketing. *Journal of Advertising Research*, 52(1), 40–52.

Manstead, A. S. (2018). The psychology of social class: How socioeconomic status impacts thought, feelings, and behaviour. *British Journal of Social Psychology*, 57(2), 267–291.

Pascha, M. (2017). The PERMA model: Your scientific theory of happiness. (https://positivepsychologyprogram.com/perma-model/)

Quito, A. (2017. 1. 30). The secret taxonomy behind IKEA's product names, from Billy to Poäng. *QUARTZ.* (https://qz.com/896146/how-ikea-names-its-products-the-curious-taxonomy-behind-billy-poang-malm-kallax-and-rens/)

Radcliffe, S. (2017). Why would big tobacco pay for an anti-smoking campaign? *Healthline.* (https://www.healthline.com/health-news/big-tobacco-funds-anti-smoking-campaign#1)

Schau, H. J., & Gilly, M. C. (2003). We are what we post? Self-presentation in personal web space. *Journal of Consumer Research*, 30(3), 385–404.

Sirgy, M. J. (1985). Using self-congruity and ideal congruity to predict purchase motivation. *Journal of Business Research*, 13(3), 195–206.

Sullivan, J. C. (2014). Why 'A Diamond Is Forever' has lasted so long. *The Washington Post*. (https://www.washingtonpost.com/opinions/why-a-diamond-is-forever-has-lasted-so-long/2014/02/07/f6adf3f4-8eae-11e3-84e1-27626c5ef5fb_story.html)

Thorburn, P. (2016). Prada for proletariats: How socioeconomic status affects the purchase of luxury products. (https://conservancy.umn.edu/bitstream/handle/11299/181384/Paige%20Thorburn%20summa%20CSOM%20sp2016.pdf?sequence=1&isAllowed=y)

Wallace, E., Buil, I., & de Chernatony, L. (2014). Consumer engagement with self-expressive brands: Brand love and WOM outcomes. *The Journal of Product and Brand Management*, 23(1), 33–42.

1948: De Beers 'A Diamond is forever' campaign invents the modern day engagement ring. (2016. 3. 31). *The Drum*. (https://www.thedrum.com/news/2016/03/31/1948-de-beers-diamond-forever-campaign-invents-the-modern-day-engagement-ring)

6장

곽자헌, 이진균 (2019). "브랜드 현저성과 제품유형이 한국 웹 드라마 PPL 효과에 미치는 영향: 한국과 대만 소비자 비교연구". 〈광고학연구〉, 30(6), 7-37.

민은정 (2019). 《브랜드; 짓다》. 리더스북.

박찬정 (2015). 《브랜드 3.0》. 지식노마드.

안광호, 한상만, 전성률 (1999). 《전략적 브랜드 관리》. 학현사.

오미영 (2011). "TV 드라마 PPL에 대한 심리적 반발에 관한 연구". 〈한국언론학보〉, 55(6), 384-409.

이와이 타쿠마, 마키구치 쇼지 (2018). 《최고의 브랜드는 어떻게 성장하는가》. 다산북스.

임현재 (2017). 《YouTube 마케팅》. 디지털북스.

"고객과 직원이 행복해지는 기업 자포스". (2018. 2. 2). 〈시사매거진〉. (http://www.sisamagazine.co.kr/news/articleView.html?idxno=130851)

"면도기 '턱 및 전쟁'". (2006. 5. 25). 〈한겨레〉. (http://www.hani.co.kr/arti/culture/culture_general/126773.html)

"'배짱이'들은 왜 '배달의민족'에 열광하나". (2018. 4. 8). 〈이뉴스투데이〉. (https://www.enewstoday.co.kr/news/articleView.html?idxno=1176571)

"'배짱이' 두둑하니 성공… 수천명 팬덤 이끄는 '배달의민족' 브랜드 파워". (2018. 4. 10). 〈아시아경제〉. (https://www.asiae.co.kr/article/2018041009410835608)

"[서평] 필립 코틀러의 마켓 4.0… 4차 산업혁명 시대, 시장과 소비자는 어떻게 바뀌나?". (2017. 2. 13). 〈미래한국〉. (http://www.futurekorea.co.kr/news/articleView.html?idxno=37477)

"'신한카드에서 했다' 하면 다른 SNS팀도 결재받기 쉽대요". (2019. 3. 4.). 〈THE PR NEWS〉. (http://www.the-pr.co.kr/news/articleView.html?idxno=42093)

"소비자 목소리 반영하면 '대박'… 식음료업계 경청 마케팅". (2017. 9. 6). 〈중앙일보〉. (https://news.joins.com/article/21909414)

"소비자 목소리를 들어라!". (2017. 4. 28). 〈넥스트이코노미〉. (http://www.nexteconomy.co.kr/news/articleView.html?idxno=10416)

"소비자가 제품 기획 '경청 마케팅' 확산". (2017. 12. 24). 〈YTN〉. (https://www.ytn.co.kr/_ln/0102_201712240536326576)

"스트리밍 올라탄 1인 방송 몸값 쑥… 국내 개인 유튜버 구독자 Top 7은?". (2019. 3. 28). 〈매일경제〉. (https://www.mk.co.kr/news/culture/view/2019/03/188290/)

"유튜브 실시간 스트리밍 하는 법, 오늘부터 나도 유튜버!". (2019. 8. 9). 〈IOT SPACE〉. (https://m.blog.naver.com/iotspace/221609856438)

"인스타그램 '라이브' 도입… 페이스북의 전략은 '광고'". (2016. 11. 25). 〈노컷뉴스〉. (http://www.nocutnews.co.kr/news/4691007)

"크라운家 떠난 차남, 원두커피 첫 성공 신호탄 쐈다". (2015. 11. 3). 〈스카이데일리〉. (http://www.skyedaily.com/news/news_view.html?ID=40666)

"틱톡: 당신이 35세 이상이라면 잘 모를 수 있는 이 앱이 세계를 사로잡고 있다". (2019. 2. 11). 〈BBC NEWs 코리아〉. (https://www.bbc.com/korean/news-47194316)

"한국에서 가장 유명한 '먹방' TOP5". (2017. 10. 26). 〈중앙일보〉. (https://news.joins.com/article/22054624)

"현대오일뱅크 '기름 넣으면 참기름 드려요'… 오일 페스티벌". (2019. 4. 2). 〈매일경제〉. (https://www.mk.co.kr/news/business/view/2019/04/199189/)

"13살 아이, 혼자서 '유튜브' 라이브 방송 못한다". (2019. 6. 10). 〈조선닷컴〉. (http://news.chosun.com/site/data/html_dir/2019/06/10/2019061001678.html)

"120살 '활명수'… '힙합'입고 트렌디하게 변신". (2017. 12. 27). 〈메디컬옵저버〉. (http://www.monews.co.kr/news/articleView.html?idxno=109331)

"[2019 서울모터쇼] '이렇게나 많았어?!' 삼성이 인수한 하만, 하만이 탑재된 자동차". 〈모터그래프〉. (https://www.motorgraph.com/news/articleView.html?idxno=22131)

"[IT CEO 열전] '인텔 인사이드'로 인텔의 시대를 연 천재 경영자, 앤디 그로브". (2017. 9. 14). 〈IT 동아〉. (http://it.donga.com/26960/)

"SNS에서 고객의 불만을 어떻게 달랠까? 기업이 꼭 지켜야 할 SNS 운영의 ABC". (2011). 〈미디컴 47호〉. (http://www.medicompr.co.kr/nnew/content/insights_view.asp?mcode=07&scode=02&P_IDX=612)

"VR·듀얼 포맷 등 기술로 영상 공유 더 쉽게 만들 것… 스티븐 장 틱톡 브랜드 책임자". (2019. 8. 23). 〈뉴데일리경제〉. (http://biz.newdaily.co.kr/site/data/html/2019/08/23/2019082300170.html)

Aaker, D. A. (1991). *Managing brand equity*. NY: The Free Press.

Aaker, D. A., & Keller, K. L. (1990). Consumer evaluations of brand extensions. *Journal of Marketing*, 54(1), 27–41.

Aaker, J. L. (1997). Dimensions of brand personality. *Journal of Marketing Research*, 34(3), 347–356.

Brehm, S. S., & Weinraub, M. (1977). Physical barriers and psychological reactance: 2–yr–olds' responses to threats to freedom. *Journal of Personality and Social Psychology*, 35(11), 830–836.

Carlo, A. (2018). The 'Insta–Life': A new form of self–expression or a pic–perfect lie?. *Huffpost*. (https://www.huffingtonpost.co.uk/entry/instagram-life-perfection_uk_5ab03edde4b02dedb93ba250)

Chazal, A. (2014). Building a customer centric strategy. A "show, don't tell" approach!. *Business 2 Community*. (https://www.business2community.com/customer-experience/building-customer-centric-strategy-show-dont-tell-approach-01031005)

Chen, S., & Chaiken, S. (1999). The heuristic-systematic model in its broader context. In S. Chaiken & Y. Trope (Eds.), *Dual-process theories in social psychology.* (pp. 73–96). New York, NY: The Guilford Press.

Cook, S., & Ryan, P. (2000). Brand alliances: From reputation endorsement to collaboration on core competencies. *Irish Marketing Review,* 13(2), 36–41.

Energizer Bunny. Wikipedia. (https://en.wikipedia.org/wiki/Energizer_Bunny#cite_note-13)

Festinger, L., Rieken, H. W., & Schachter, S. (1956). *When prophecy fails: A social and psychological study of a modern group that predicted the destruction of the world.* New York: Harper Torchbooks.

Furman, J. (2017). Everything you need to know about ATL, BTL and TTL advertising. *Business 2 Community.* (https://www.business2community.com/marketing/everything-need-know-atl-btl-ttl-advertising-01902793)

Gammoh, B. S., Voss, K. E., & Chakraborty, G. (2006). Consumer evaluation of brand alliance signals. *Psychology & Marketing,* 23(6), 465–486.

Gordon., J (2018. 8. 23). Is your social media marketing failing? 5 things you may be doing wrong. *CURATTI.* (https://curatti.com/social-media-marketing-failing/)

Helmig, B., Huber, J. A., & Leeflang, P. S. (2007). Explaining behavioural intentions toward co-branded products. *Journal of Marketing Management,* 23(3/4), 285–304.

Lee, J. K., Hansen, S. S., & Lee, S. Y. (2018). The effect of brand personality self-congruity on brand engagement and purchase intention: The moderating role of self-esteem in Facebook. *Current Psychology,* 1–13.

Lee, J. K., Lee, B. K., & Lee, W. N. (2013). Country-of-origin fit's effect on consumer product evaluation in cross-border strategic brand alliance. *Journal of Business Research,* 66(3), 354–363.

O'Reilly, L. (2016. 3. 26). How 6 colorful characters propelled M&M's to become America's favorite candy. *Business Insider.* (https://www.businessinsider.com/the-story-of-the-mms-characters-2016-3)

Oskamp, S. (1991). *Attitudes and opinions* (2nd ed.). Englewood Cliffs, NJ: Prentice Hall.

Parker, C. B. (2016. 5. 16). Strong "signature stories" can shape more than a company's brand. *Standford Business.* (https://www.gsb.stanford.edu/insights/strong-signature-stories-can-shape-more-companys-brand)

Shaw, M. E., & Constanzo, P. R. (1982). *Theories of social psychology* (2nd ed.). New York: McGraw-Hill.

Simonin, B. L., & Ruth, J. A. (1998). Is a company known by the company it keeps? Assessing the spillover effects of brand alliances on consumer brand attitudes. *Journal of Marketing Research*, 35(1), 30–42.

Simon, D., Snow, C. J., & Read, S. J. (2004). The redux of cognitive consistency theories: Evidence judgments by constraint satisfaction. *Journal of Personality and Social Psychology*, 86, 814–837.

Sirgy, M. J. (1982). Self-concept in consumer behavior: A critical review. *Journal of Consumer Research*, 9(3), 287–300.

Sirgy, M. J. (1985). Using self-congruity and ideal congruity to predict purchase motivation. *Journal of Business Research*, 13(3), 195–206.

Thompson, K., & Strutton, D. (2012). Revisiting perceptual fit in co-branding applications. *Journal of Product & Brand Management*, 21(1), 15–25.

Uggla, H. (2004). The brand association base: A conceptual model for strategically leveraging partner brand equity. *Journal of Brand Management*, 12(2), 105–123.

Washburn, J. H., Till, B. D., & Priluck, R. (2000). Co-branding: Brand equity and trial effects. *Journal of Consumer Marketing.* 17(7). 591–604.

7장

김경희 (2015). "IT 환경에서 대학생의 스마트폰 중독과 사회성과의 관계에 관한 연구". 〈한국정보통신학회논문지〉, 19(7), 1671–1679.

라 로슈푸코 (2010). 《잠언과 성찰》. 이동진 옮김. 해누리기획.

민귀홍, 이진균 (2017). "SNS에 대한 부정적 인식이 주관적 웰빙에 미치는 영향". 〈광고연구〉, 112, 5–37.

박선화 (2018. 6. 29). "가식과 교양의 경계에서". 〈경향신문〉. (http://news.khan.co.kr/kh_news/khan_art_view.html?art_id=201806292038025)

연세대학교 바른ICT연구소 (2015). "[트렌드분석보고서] SNS 사용 확산에 따른 SNS 피로도(Fatigue) 현상". (http://barunict.kr/?p=5490)

유성신, 이진균, 최용주 (2017). "페이스북에서 인식된 사회자본이 심리적 안녕감에 미치는 영향". 〈한국심리학회지: 소비자·광고〉, 18(2), 117–150.

이진균, 박현선 (2018). "SNS의 문제적 이용이 심리적 안녕감에 미치는 영향". 〈한국심리학회지: 소비자·광고〉, 19(3), 547–575.

함인희 (2015. 11. 25). "참을 수 없는 SNS의 가벼움". 〈이투데이〉. (http://www.etoday.co.kr/news/section/newsview.php?idxno=1241274)

"'대안신용평가' 렌도 '세계 젊은이, 다 똑같다'… 보편성에 주목". (2017. 9. 19). 〈조선비즈〉. (http://biz.chosun.com/site/data/html_dir/2017/09/18/2017091802479.html)

"[리포트+] '껍데기 인맥에 지쳤다'… '티슈 친구' 찾는 사람들". (2017. 9. 6). 〈SBS 뉴스〉. (https://news.sbs.co.kr/news/endPage.do?news_id=N1004381563&plink=COPYPASTE&cooper=SBSNEWSEND)

"인간관계 피로감 '관태기'에 빠진 청년들". (2017. 4. 4). 〈동아일보〉. (http://news.donga.com/3/all/20170404/83675088/1)

"[인터뷰 – 신동원 성균관대 정신의학과 교수] 쉴 틈 안 주는 스마트폰 집중력·사회성 떨어뜨려". (2014. 12. 5). 사람과 디지털연구소. (http://lifeindigital.org/archives/665)

"흔들리는 SNS 정체성, 쌓이는 '피로감'". (2017. 8. 15). 〈스타트업투데이〉. (http://www.startup4.co.kr/news/articleView.html?idxno=1410)

"[MINIPOLL] SNS 피로증후군 '이제 흥미가 떨어졌다'". (2017. 7. 10). 〈매일경제〉. (https://www.mk.co.kr/news/home/view/2017/07/461178/)

"SNS 스트레스에 카톡·페북 끊는다". (2017. 9. 1). 〈한국일보〉. (http://m.koreatimes.com/article/20170831/1073950)

"[Weekend Interview] '원치 않는 인터넷 흔적 삭제' 국내 1호 디지털 장의사 김호진 산타크루즈 대표". (2017. 9. 15). 〈매일경제〉. (https://www.mk.co.kr/news/society/view/2017/09/621446/)

Fertik, M., & Thompson, D. (2015). *The reputation economy: How to optimize your digital footprint in a world where your reputation is your most valuable asset*. Hachette UK.

Florentine, S. (2014. 4. 17). "'무심코 올린 사진 때문에' 구직자의 6가지 SNS 실수". 〈CIO Korea〉. (http://www.ciokorea.com/news/20649)

Goffman, E. (1959). *The presentation of self in everyday life*. Garden City, NY.: Doubleday.

Jackson, C. A., & Luchner, A. F. (2018). Self-presentation mediates the relationship between Self-criticism and emotional response to Instagram feedback. *Personality and Individual Differences*, 133, 1–6.

KNOWLEDGE@WHARTON (2013). The 'social' credit score: separating the data from the noise. (https://knowledge.wharton.upenn.edu/article/the-social-credit-score-separating-the-data-from-the-noise)

Lenddo 웹사이트. https://www.lenddo.com/

Ludden, D. (2019). facebook or face time? Building relationship through social networking sites. *Psychology Today*. (https://www.psychologytoday.com/us/blog/talking-apes/201903/facebook-or-face-time?collection=1126587)

Maier, C., Laumer, S., Weinert, C., & Weitzel, T. (2015). The effects of technostress and switching stress on discontinued use of social networking services: A study of Facebook use. *Information Systems Journal*, 25(3), 275–308.

McQuail, D. (2010). *McQuail's mass communication theory*. Sage publications.

Nauen, R. (2017). Number of employers using social media to screen candidates at all-time high, finds latest careerbuilder study. *Career Builder*. (http://press.careerbuilder.com/2017-06-15-Number-of-Employers-Using-Social-Media-to-Screen-Candidates-at-All-Time-High-Finds-Latest-CareerBuilder-Study)

Taylor, D. G., & Strutton, D. (2016). Does Facebook usage lead to conspicuous consumption? The role of envy, narcissism and self-promotion. *Journal of Research in Interactive Marketing*, 10(3), 231–248.

Telegraph staff and agencies (2011). Twitter is 'a waste of time', says Manchester United manager Sir Alex Ferguson. *The Telegraph*. (https://www.telegraph.co.uk/sport/football/teams/manchester-united/8525859/Twitter-is-a-waste-of-time-says-Manchester-United-manager-Sir-Alex-Ferguson.html)

Titcomb, J. (2018). Facebook fatigue: Are we turning off the social network? *The Telegraph*. (https://www.telegraph.co.uk/technology/2018/02/01/facebook-fatigue-turning-social-network)

Valkenburg, P. M., & Peter, J. (2009). Social consequences of the Internet for adolescents: A decade of research. *Current Directions in Psychological Science*, 18(1), 1–5.

Wright, E. J., White, K. M., & Obst, P. L. (2018). Facebook false self-presentation behaviors and negative mental health. *Cyberpsychology, Behavior, and Social Networking*, 21(1), 40–49.

8장

라선아 (2015). "소비자행복의 유형화 및 개념적 체계: 내러티브 분석을 중심으로". 〈소비문화연구〉, 18, 113-146.

"[기자칼럼] '가심비' 마케팅". (2018. 10. 3). 〈경향신문〉. (http://news.khan.co.kr/kh_news/khan_art_view.html?art_id=201810032040015)

"[소비의 변화, 사회의 변화③] 소비자가 '행복' 찾자 '감동'으로 돌려주는 기업들". (2018. 4. 5). 〈미디어 SR〉. (http://www.mediasr.co.kr/news/articleView.html?idxno=48188)

"'소유하지 않아도 괜찮아'- 밀레니얼 세대를 위한 경험 마케팅". (2018. 7. 2). Adobe Korea. (https://blogs.adobe.com/digitaldialogue/ko/customer-experience-ko/experience-marketing-for-millennials/)

"2018 소비트렌드 '소확행'으로 마케팅 하라". (2018. 2. 5). 〈소비자 평가〉. (http://www.iconsumer.or.kr/news/articleView.html?idxno=5335)

Sirgy, M. J. (2012). *The Psychology of Quality of Life: Hedonic Well-being, Life Satisfaction, and Eudaimonia*. Springer Science & Business Media.